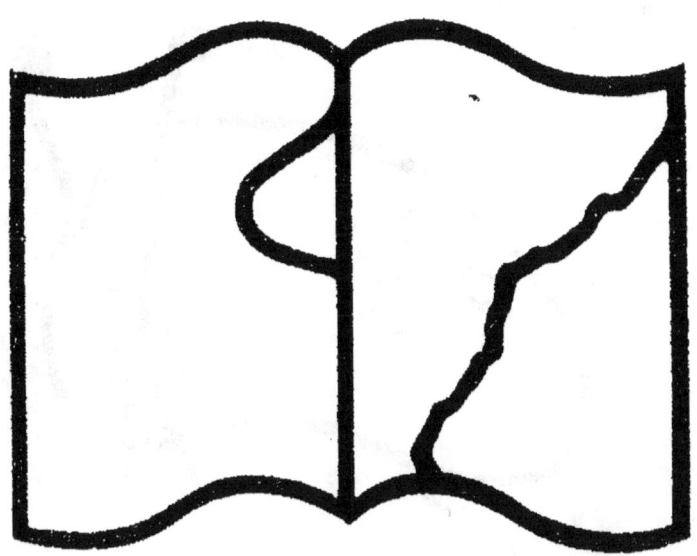

Couvertures supérieure et inférieure
détériorées

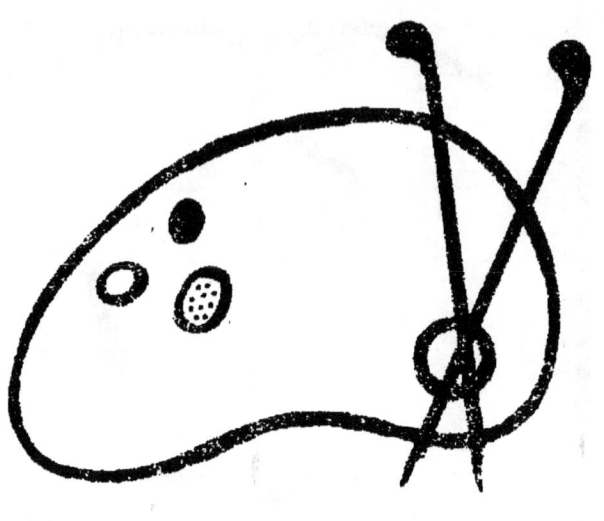

Original en couleur

NF Z 43-120-8

LES FEMMES D'AMIS

PAR G. Courteline

Dessins de Steinlen

MARPON et E. FLAMMARION, Éditeurs, rue Rac

EN VENTE CHEZ LES MÊMES ÉDITEURS

COLLECTION IN-18 ILLUSTRÉE A 3 FR. 50 LE VOLUME

ALPHONSE DAUDET

Trente ans de Paris... 1 vol.
Aventures prodigieuses de Tartarin de Tarascon............ 1 vol.
Tartarin sur les Alpes... 1 vol.
Sapho... 1 vol.

(Bibliothèque artistique Guillaume frères)

GUY DE MAUPASSANT

Contes du Jour et de la Nuit. Illustrations de Cousturier..... 1 vol.
Toine. Illustrations de Mesplès................................. 1 vol.

ARMAND SILVESTRE

Contes de derrière les Fagots. Illustrations de Félix Lacaille.... 1 vol.

THÉO-CRITT

Bataillon des Hommes à poil. Illustrations de Henriot........ 1 vol.
Lui des Jeunes Filles. Illustrations de Henriot................ 1 vol.
Autrichiens et Russes. Illustrations de Job................... 1 vol.

HENRIOT

L'Article de Paris. Texte et dessins de l'Auteur............... 1 vol.

GEORGES DUVAL

Chasteté. Étude de femme. Illustré de 8 phototypies........... 1 vol.

GINISTY

Les Belles et les Bêtes. Illustrations de Henriot.............. 1 vol.

ALEXANDRE POTHEY

Le Capitaine Régnier. Illustrations de Kauffmann............. 1 vol.

ARSÈNE HOUSSAYE

Les douze Nouvelles nouvelles. Nombreuses illustrations...... 1 vol.

ÉMILE DARTÈS

Jambes folles. Préface par Arsène Houssaye. Illustrations de Rosé Roy... 1 vol.

8°Y²
41026

LES FEMMES D'AMIS

Il a été tiré de cet ouvrage dix exemplaires sur papier du Japon tous numérotés.

DU MÊME AUTEUR

Les Gaîtés de l'Escadron. 1 vol. illustré . . . . 5 fr.

POUR PARAÎTRE INCESSAMMENT

Le Train de 8 h. 47 (En collaboration avec P. Marion).

PARIS. — IMP. C. MARPON ET E. FLAMMARION, RUE RACINE, 26.

GEORGES COURTELINE

LES
FEMMES D'AMIS

Illustrations

DE

STEINLEN

PARIS

C. MARPON ET E. FLAMMARION

ÉDITEURS

26, RUE RACINE, PRÈS L'ODÉON

Tous droits réservés.

A

ROBERT DE LA VILLEHERVÉ

UNE CANAILLE

I

Quand le chroniqueur Lavernié eut expliqué que son ex-ami Laurianne le traitait couramment de canaille à cause d'un service, que lui, Lavernié, avait dernièrement rendu audit Laurianne, il y en eut qui s'étonnèrent, d'autres qui hochèrent la tête, d'un air fixé et entendu de gens blasés sur les surprises de l'existence et que ses petites vilenies n'en sont plus à faire rêver.

— Il y a service et service, déclara cependant Christian Lestenet, il ne s'agit que de s'entendre.

— Oh, c'est bien simple, dit très sérieusement Lavernié, j'ai couché avec une maîtresse à lui.

Lestenet éclata de rire et appliqua une claque sonore sur la cuisse du journaliste en le traitant d'aimable farceur, mais le poète Georges Lahrier qui était philosophe à ses moments perdus, dit simplement :

— Eh ! ne blaguons pas sans savoir ! D'abord, c'est toujours l'obliger que débarrasser un ami d'une femme assez misérable pour consentir à le tromper sans motif. Voilà déjà qui tombe sous le sens.

— Parbleu ! exclama Lavernié, et puis enfin, si je l'ai fait, c'est parce que l'ami lui-même m'avait engagé à le faire. Oh ! mon cas est assez spécial, mais il n'a en soi rien d'extraordinaire, étant basé sur l'éternelle niaiserie humaine et ce besoin de forfanterie qui est la première manifestation de la bêtise, comme l'instinct de la conservation est la première manifestation de l'intelligence. Avez-vous un quart d'heure à perdre, l'histoire vaut assez la peine d'être écoutée et il y a profit à tirer de la morale qui s'en dégage ?

— Bah ! dit Fabrice, un quart d'heure ! on peut toujours risquer cela !

— D'autant, répliqua le jeune homme, que vous en serez quittes pour m'enlever la parole si cette histoire vous embête, comme celle du petit navire qui n'avait jamais navigué.

Et ayant fait revenir un plateau de bocks mousseux, en prévision d'une narration un peu longue, Lavernié parla comme suit.

Il y avait plus de dix ans que nous nous tutoyions, quand nous avons cessé de nous voir, Laurianne et moi, il y a six mois de cela.

Je l'avais connu au quartier, à l'époque où je faisais mon droit. Ce n'était certes pas un aigle, mais c'était un bon garçon, en sorte qu'il m'avait plu tout de suite et que je continuai à le voir assidûment, une fois les études terminées. Laurianne m'aimait beaucoup aussi et c'était rare qu'il laissât s'écouler la semaine sans donner un coup de pied jusqu'au journal, en sortant de son ministère, comme dans la chanson du *Brésilien*. Il arrivait, prenait une chaise, s'installait, et dévorait silencieusement les journaux, s'interrompant de temps en temps pour jeter un coup d'œil furtif sur ma copie, ou pour compter des yeux la quantité de feuilles noircies alignées devant moi, côte à côte. Timide, de cette timidité puérile des gens qui se savent un peu bornés et se sentent dans un milieu qui n'est pas le leur, il était sage comme une petite fille, parlait tout bas, comme dans une église et reniflait pendant des heures, par crainte d'attirer l'attention en se mouchant. Enfin, la pâture quotidienne achevée et le paraphe posé au bas de la dernière page, nous descendions au boulevard, prendre à une terrasse quelconque le vermouth de l'amitié.

Le plus souvent, ces jours-là, nous passions la soirée ensemble ; Laurianne me prenait sous le bras et m'entraînait jusque chez lui, place du théâtre, à Montmartre, où nous dinions en camarades, moi, Laurianne, et la maîtresse de Laurianne. Mes enfants, une rude fille, cristi ! Des carnations !... Un vrai Rubens ! Je l'avais prise en amitié à cause de ses belles couleurs et aussi de son bon caractère ; et, de fait, il était impossible de réaliser mieux que cette fille le type idéal de la femme d'ami. Pas de nerfs ! Toujours de bonne humeur ! Je n'ai jamais rencontré — j'ai pourtant bien connu des femmes — de camarade plus charmante et plus gaie.

Nous jouions ensemble comme des gosses ; je lui pinçais le gras des bras, ou les hanches, et elle m'envoyait des taloches que je lui rendais avec usure, tandis que Laurianne, la pipe à la bouche, criait :

— N'aie pas peur, Lavernié, vas-y; tape dessus; la bête est dure !

J'ai toujours aimé ces jeux de brute.

Un soir, comme en sortant de table, j'avais emmené Laurianne prendre un bock dans une brasserie du boulevard Clichy, je ne sais quelle idée me prit de lui dire à brûle-pourpoint :

— Ah ! c'est égal, Angèle est vraiment une belle fille !

Bon, ne voilà-t-il pas mon homme qui me regarde fixement et me demande si elle me plaisait !

Je lui dis :

— Elle me plaît sans me plaire ; qu'est-ce que tu veux qu'Angèle me plaise dès l'instant qu'elle est avec toi ? Je la trouve belle fille, voilà tout. En voilà encore une question !

Il reprit :

— Ah ! je vais te dire ; c'est parce que si quelquefois tu en avais la moindre envie, il ne faudrait pas te gêner.

Je le regardai, à mon tour.

— Ah çà, lui dis-je, qu'est-ce qui te prend ? Est-ce que je te parle de tout ça, moi ? Je te dis que je trouve Angèle une belle fille, tu me réponds : « Il ne faut pas te gêner ! » Elle est bien bonne, par exemple. Comme s'il ne me suffisait pas qu'elle soit la femme d'un camarade pour que je n'aie jamais pensé à voir en elle autre chose qu'une camarade !

— Mon cher, fit alors Laurianne, la question n'est pas de savoir ce que tu as pu penser ou ne pas penser ; je te connais depuis assez longtemps, n'est-ce pas, pour savoir à qui j'ai affaire ; ce n'est donc pas de ça qu'il s'agit. Je n'en suis pas moins pour ce que je te disais : ne te gêne pas si le cœur t'en dit. D'abord, Angèle, en voilà assez comme ça ; six mois de liaison, merci bien ! je n'ai pas beaucoup l'habitude de m'éterniser dans le collage ; et puis enfin si tu as peur de me fâcher, mon vieux, tu peux être tranquille : celle-là qui me fera brouiller avec un ami de dix ans n'est pas encore près d'être fondue.

Je répondis à Laurianne qu'il me faisait

suer avec ses bravades, qu'il avait été découpé sur le même patron que les autres et que si je lui jouais le tour de le prendre au mot, il me le reprocherait toute sa vie, en quoi, du reste, il n'aurait pas tout à fait tort. Mais là-dessus il s'emballa, monta comme une soupe au lait et se mit à jeter les hauts cris en me demandant si je le prenais pour un idiot.

— Je ne te prends pas pour un idiot, lui expliquai-je; je te dis ce que je sais très bien et toi aussi, c'est que tu parles depuis une heure pour le seul plaisir de dire quelque chose. La femme d'un ami est une chose sacrée : on la regarde, mais on y touche pas; c'est une question de délicatesse élémentaire et un principe dont tu ne sortiras pas.

— Ça dépend des manières de voir, fit Laurianne d'un air dégagé.

— Eh! dis-je, que viens-tu me chanter là! Il n'y a pas là-dessus trente-six manières de voir; la femme d'un ami est sa chose, son bien, comme sa montre ou son porte-monnaie et je ne vois pas qu'il y ait moins de malhonnêteté à lui dérober l'un que l'autre. Pour mon compte, si jamais je pinçais un ami, fût-ce le plus ancien et le meilleur, à me tromper avec ma maîtresse, je lui casserais les reins sans l'ombre d'un scrupule, persuadé, d'ailleurs, que toi-même, avec toutes tes théories qui ne tiennent pas debout...

Mais il m'interrompit nettement :

— Tu m'embêtes. Laisse-moi tranquille ! Si tu es assez gobeur pour prendre au sérieux toutes les vieilles rengaines qui peuvent te tomber sous la main, tant pis pour toi, mon cher ami, mais avec de pareils principes d'existence, nous vivrions comme des mollusques, voilà tout.

Puis, tout à coup, se jetant les bras sur la poitrine :

— Alors, tout de bon, tu te figures que je pourrais hésiter un moment entre un vieux camarade d'enfance comme voilà toi, et Angèle, que j'ai ramassée je ne sais plus où et qui n'est jamais qu'une grue, pour en finir ?

— Ne parles donc pas comme ça, lui dis-je ; Angèle est une brave et une excellente fille, qui s'est toujours bien conduite avec toi et qui a plus à se plaindre de toi que tu n'as à te plaindre d'elle. Ce que tu viens de dire est une lâcheté.

Il comprit qu'il avait lâché un mot de trop, car il rougit légèrement.

— Enfin, conclut-il, c'est bien simple : si tu tiens le moins du monde à Angèle, prends-la ; laisse-la si tu n'en veux pas, mais sois sûr que je me fiche de l'un comme de l'autre. Je t'avertis que dimanche prochain je passe la journée à la campagne, ce qui fait qu'Angèle sera seule. A bon entendeur, salut ! Tu feras ce que tu voudras.

Et là-dessus, nous nous séparâmes.

II

ECI se passait un jeudi.

Le dimanche, — ce fut comme par un fait exprès, — je m'éveillai plus tôt qu'à l'ordinaire, et tout de suite l'idée d'Angèle m'arriva. Car enfin, il faut bien dire la vérité : Laurianne, en me demandant « si elle me plaisait », ne m'avait pas posé une question si bête ; elle me plaisait certainement, elle me plaisait même beaucoup. Vous comprenez, on a beau ne plus être un gamin et avoir passé l'âge où l'on tombe en extase devant les figures de cire des devantures de perruquiers, vous, moi, tous enfin, tant que nous sommes, nous n'en avons pas moins, comme dit le poète, le cochon qui nous dort dans l'âme et auquel il n'en faut pas lourd pour s'éveiller. Or, je ne sais rien de dangereux comme ces jeux de mains avec les femmes ; ça vous fiche dedans, avant même qu'on ait eu le temps d'y penser, et c'est tout justement ce qui m'était arrivé avec la femme de Laurianne : à force de lui lancer des calottes pour rire et de la bousculer dans les coins, j'avais fini, non, si vous voulez, par en devenir amoureux, mais tout au moins par la désirer violemment.

Naturellement j'avais gardé cela pour moi ; plutôt décidé à mourir qu'à m'en aller pousser une pointe ridicule et commettre envers un ami ce que j'ai toujours considéré comme la plus vile des malhonnêtetés. Mais, depuis le jour de notre dernière entrevue, j'avais vécu dans un état d'hésitation et de perplexité extrême, tellement cet imbécile m'avait bouleversé les idées avec ses airs d'indifférence. C'est vrai, les histoires de lassitude rapide, les protestations de satiété et de désintéressement, tout cela avait été dit avec une telle apparence de sincérité que, ma foi, je m'y étais presque laissé prendre.

Je restai donc une grande demi-heure à me retourner d'un flanc sur l'autre en me demandant ce que j'allais faire, conservant toujours dans l'oreille l'écho de la phrase de Laurianne : « Je t'avertis que dimanche prochain je passe la journée à la campagne, ce qui fait qu'Angèle sera seule », également partagé entre le désir de la femme et le désir non moins ardent de m'épargner une action, dont, malgré tous mes raisonnements et mes tentatives de conciliation avec ma propre conscience, je sentais bien que je me repentirais plus tard.

Toujours la vieille histoire d'Hercule entre la vertu et la volupté.

Et, en somme, le cas était embarrassant, car, d'une part, si j'ai été créé avec la répugnance innée des petites saletés de l'espèce en question, d'autre part j'ai toujours pensé que l'homme ne pouvait rien tant regretter au monde que d'avoir manqué par sa faute la femme qu'il convoitait et qu'il eut pu avoir.

Pour en finir, je me décidai brusquement. Je sautai à bas de mon lit, je mis mon pantalon et mes bottes et je filai d'une seule traite à Montmartre, priant le bon Dieu pour que Laurianne y fût et le diable pour qu'il n'y fût pas.

Ce fut le diable qui m'écouta.

Angèle vint m'ouvrir.

— Tiens, c'est toi !

(Parce qu'il faut vous dire que nous nous tutoyions).

— Oui, dis-je tranquillement, c'est moi; comme je passais dans le quartier, je suis monté pour vous dire bonjour.

— Tu es bien aimable, reprit-elle; seulement, tu sais, Charles n'y est pas. Il est allé à la campagne et il ne reviendra que demain. Ça ne fait rien, entre tout de même.

J'entrai donc.

Elle était encore en tout matin, n'ayant

sur elle qu'une méchante camisole et un jupon qui, à chaque pas qu'elle faisait, lui dessinait les jambes à travers la chemise. Moi, naturellement, j'avais pris une figure de circonstance, l'air désappointé du monsieur qui a raté une rencontre. Du reste, il m'arrivait une chose sur laquelle je n'avais pas compté : un embarras d'écolier de septième, que je ne m'étais jusqu'alors connu devant aucune femme et qui me prenait tout à coup devant cette bonne fille réjouie avec laquelle, depuis près de six mois, je m'étais si peu gêné de jouer avec des délicatesses de porc-épic.

Expliquez-ça si vous le pouvez, mais pour un rien je fusse rentré me coucher. Heureusement, l'idée que ma visite suivie d'un retrait précipité serait rapportée à Laurianne le lendemain, et que je pourrais servir de cible aux moqueries de cet imbécile, me rendit toute mon énergie.

Brusquant les choses, je demandai à Angèle où elle comptait déjeuner.

— Ma foi, fit-elle, je n'en sais rien.

— Hé bien, habille-toi; lui dis-je; je te paye

2.

 à déjeuner au moulin de Sannois.

Elle sauta de joie ; je vis le moment où elle m'allait embrasser, puis elle tourna les talons et disparut comme un coup de vent.

Pendant un quart d'heure, vingt minutes, je l'entendis chanter en s'habillant, de l'autre côté de la cloison, et j'en conclus, ce que j'avais toujours pensé, que la pauvre fille, avec Laurianne, n'avait guère de distractions. Bref, à midi, nous étions dans le train, à une heure nous étions à table, et à deux heures, la jeune Angèle, que j'avais confortablement grisée, bavardait comme une petite pie, en riant de tout sans savoir pourquoi.

Je jugeai donc le moment venu de proposer une excursion.

Elle accepta immédiatement, se leva de table, et, devenue soudain sérieuse, vint remettre son chapeau devant la glace, après quoi elle prit mon bras et nous partîmes.

Je connaissais aux environs un coin de forêt fait à plaisir pour les mystérieuses promenades des amoureux. Je l'y entraînai sournoisement ; elle, bonne fille, ne voyait rien, marchait toujours, sans défiance ; totalement incapable, d'ailleurs, de réunir deux idées de suite. Ce ne fut que quand elle vit autour d'elle l'ombre épaisse de la forêt qu'elle parut enfin se reconnaître.

Elle eut un mouvement de recul :

— Où donc nous mènes-tu ? demanda-t-elle.

Je la regardai fixement.

Elle comprit.

— Oh ! dit-elle, non, non ; je ne veux pas, allons-nous-en !

Elle voulut fuir, mais, brutalement, je la renversai sur mon bras.

— Voyons, lui dis-je, tu es une folle. Reste ici! Qu'est-ce que ça te fait?

Elle se débattit, jeta un cri — un cri que j'éteignis aussitôt. Elle était sans force, impuissante.

Ce fut une résistance d'une minute, au bout de laquelle mon Laurianne avait reçu la juste récompense de son stupide entêtement.

J'appris alors d'Angèle elle-même qu'elle m'aimait depuis longtemps déjà, ce qui me surprit sans m'étonner outre mesure, attendu que nous autres gens de presse nous avons toujours eu l'honneur d'arriver dans la considération des femmes immédiatement après les cabotins.

Je vous prie de croire que la constatation de ce fait est exempte de toute vanité.

[III]

Nous passâmes une journée charmante dans la solitude du tête-à-tête, ou, pour mieux dire, du bouche à bouche, et nous ne revînmes à Paris qu'assez tard. Nous avions pris le dernier train du soir, un train bourré de canotiers dont les hurlements furieux nous arrivaient par les glaces baissées, mêlés au roulement du wagon. J'avais fait le voyage sans mot dire, enfoncé dans mon coin, maussade, mécontent, malade de cette triste réaction des sens qui suit l'apaisement du désir. Pourtant, je ramenai Angèle jusqu'à sa porte, où je l'embrassai une dernière fois avec toute la conviction que j'y pus mettre et où nous prîmes rendez-vous pour le lendemain.

Ce même lendemain, comme je flânais sur le boulevard, quelqu'un m'emprisonna les coudes par derrière et hurla de façon à ameuter la foule :

— Tiens, tu es donc sorti de Mazas!

Et à cette fine plaisanterie, sentant d'une lieue son Laurianne, je n'eus pas besoin de me retourner pour répondre en toute assurance :

— Comment vas-tu, espèce d'imbécile?

Nous causâmes; il avait passé son bras sous le mien, et nous marchions doucement, côte à côte; Laurianne retour de la campagne, était gai comme un pinson, et il me narra en détails tous les plaisirs de sa journée.

Je répondis :

— Allons, tant mieux; comme ça, nous ne nous serons ennuyés ni l'un ni l'autre.

Je n'avais pas sans un petit battement de

cœur, lâché cette déclaration; mais Laurianne n'y vit que du feu.

— Ah! fit-il curieusement, qu'est-ce que tu as fait?

— J'ai fait, dis-je, ce que tu m'avais conseillé de faire.

— Moi!

Il s'était arrêté net, et il attachait sur le mien un œil rond et stupéfait de poule qui a trouvé vingt sous..

— Je ne sais pas ce que tu veux me dire! je ne t'ai rien conseillé du tout!

Je repris :

— Mais si, mon vieux! tu sais bien, à propos d'Angèle?

— D'Angèle?

— Eh oui, parbleu, d'Angèle! Voyons, rappelle-toi donc, jeudi, à la brasserie. Fichtre! tu as la mémoire courte!

Lui, cependant, cherchait toujours.

— D'Angèle? d'Angèle? Je veux être pendu...

Mais brusquement :

— Ah oui! Eh bien?

— Eh bien, déclarais-je, ça y est !

— Bah ! fit-il tranquillement ; c'est vrai ?

— Parfaitement vrai, mon ami. Comme tu m'y avais engagé, je suis allé chez toi hier, j'ai emmené Angèle à Sannois, l'ai grisée comme une petite caille, et tout s'est passé le mieux du monde. C'est maintenant, pour avoir l'honneur de te remercier.

Il m'avait écouté, très calme, un mince sourire au coin des lèvres.

— Tu la fais bien, dit-il d'un air malin.

Je bondis !

— Quoi, je la fais bien ? Tu te figures que c'est une blague ?

Il sourit et dit :

— Parfaitement !

— Ah ! par exemple, m'écriai-je, ceci est bien la chose du monde à laquelle je m'attendais le moins ! Et sur quoi te bases-tu, je te prie, pour croire à une plaisanterie ?

— D'abord, si c'était vrai, répondit Laurianne, tu ne viendrais pas me le dire ; et puis ensuite, mon vieux, tu sais, il ne faut pas te faire d'illusions : le jour où ma femme me trompera, ce ne sera encore pas avec toi.

— Très bien! dis-je ; voilà une pierre que tu parais aussi heureux de me lancer dans mon jardin que je suis ravi de l'y recevoir : elle m'enlèverait mon dernier remords si j'en eusse conservé quelqu'un ! Rien de tel comme un coup de fer rouge sur l'amour-propre pour cicatriser les scrupules ! Décidément, mon cher ami, tu as pour moi toutes les prévenances. Donc, voilà qui est bien compris : non seulement Angèle n'a pas été à moi, mais encore elle n'est pas pour moi ; c'est dur, mais enfin, c'est comme ça ; et je n'ai plus, dans ces conditions, qu'à te féliciter comme tu le mérites.

Sur quoi, voyant venir trois heures, je serrai la main de Laurianne et m'en fus retrouver Angèle, qui m'attendait devant ma porte.

IV

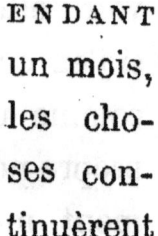

PENDANT un mois, les choses continuèrent de ce train. Deux, trois, quatre fois la semaine, plus ou moins, Angèle m'arrivait sans prévenir; nous passions la journée ensemble, après quoi je filais au journal, où souvent je trouvais Laurianne m'attendant depuis un quart d'heure en fumant des cigarettes dans la salle de rédaction. Naturellement nous rentrions dîner, puis nous achevions la soirée dans une brasserie du quartier, et tout cela n'avait rien que de très agréable. C'était une liaison en règle, à l'ennui près.

Malheureusement tout a une fin. Un jour qu'Angèle était chez moi, nous fûmes brusquement arrachés à la douceur de l'intimité par un violent coup de sonnette qui nous fit sauter comme des carpes. Angèle me souffla :

— Ne bouge pas!

Je répondis d'un simple mouvement de ête; et nous demeurâmes immobiles, la bouche ouverte, dans l'attente d'un nouvel appel. Il y eut un instant de calme, puis, de nouveau, un carillonnage effroyable ébranla le silence profond de l'appartement, en même temps qu'une voix criait de l'autre côté de la porte :

— Ouvre, Lavernié, c'est moi!

— O mon Dieu, murmura Angèle, c'est la voix de Charles!

— Oui, dis-je.

Et je sautai du lit.

Angèle, affolée, criait :

— Rodolphe, n'y vas pas, je t'en prie!

Mais, comme bien vous pensez, je ne l'écoutai pas; je ne fis qu'un bond jusqu'à la porte, et, en chemise, les pieds nus, la main sur la serrure :

— C'est toi, Laurianne? demandai-je.

— Oui, répondit Laurianne.

J'ouvris.

Laurianne entra comme une bombe, rouge comme un coq, les yeux lui sortant de la tête.

— Angèle est ici! hurla-t-il.

Je le regardai.

Je crus voir un fou, tant il avait les traits du visage bouleversés.

— Certainement elle est ici, dis-je simplement ; il y a un mois que nous couchons ensemble, et je ne te l'ai pas caché, j'aime à croire.

Mais il parut n'avoir pas entendu, et, les lèvres blanches de colère :

— Misérable, balbutia-t-il, sale canaille! Voilà comment tu te conduis avec un ami de dix ans!

Je lui éclatai de rire au nez.

— Elle est bien bonne! m'écriai-je. Est-ce que j'ai fait autre chose que ce que tu m'as conseillé de faire? Tu me l'as assez dit, pourtant, de ne pas me gêner et d'en prendre à mon aise! Et « en voilà assez d'Angèle! » et » je n'ai pas beaucoup l'habitude de m'éterniser dans le collage! » et « crois-tu que j'hésiterai jamais entre un camarade et une grue! ». et patati et patata! J'ai pris ça pour argent comptant, qu'est-ce que tu veux que je te dise. Si tu as parlé trop vite, c'est tant pis pour toi, voilà tout.

Il m'écoutait, l'œil fou, les paupières battantes.

— Si j'ai parlé ainsi, fit-il, c'est que j'avais mes raisons pour parler ainsi, et tu aurais dû le comprendre!

Je me mis à rire :

— Oui, oui, je la connais celle-là. Eh bien, mon cher, je n'ai pas compris; tu m'as offert une femme qui me plaisait, je l'ai prise; je n'ai pas d'autre explication à te donner.

Il demeura un instant sans répondre, comme suffoqué par la fureur. Enfin, il lui revint assez de salive aux lèvres pour lui permettre de me traiter de saligaud, m'accuser d'être venu chez lui, manger son pain, et me lancer un certain nombre d'épithètes que je n'ai pas besoin de rapporter ici. Moi, là-dessus, la colère commença à me gagner. Je me contins, toutefois :

— Écoute, Laurianne, lui dis-je, tu vas me ficher la paix, et tout de suite, ou nous allons nous fâcher pour de bon. Voilà un quart d'heure que tu me tiens en chemise, je commence à attraper froid. En voilà assez comme ça ; si tu viens m'insulter chez moi, je t'empoigne par la peau du cou et je te flanque à travers l'escalier ! Qui est-ce qui m'a fichu une moule pareille !

Ça aurait dû le calmer, n'est-ce pas ? Ah bien oui, je t'en souhaite ; le voilà qui s'emballe, perd la tête, se met à m'invectiver et finit par m'accuser de vivre de l'argent d'Angèle ! Oh dame, alors, moi je ne me connais plus, je lui lance une double paire de gifles, qui lui retourne successivement le nez, du côté cour et du côté jardin, et je l'envoie, d'une poussée, promener à l'étage au-dessous.

J'étais furieux, vous concevez.

Je rentrai donc et je dis à Angèle :

— Ma chère enfant, voici ce qui se passe : M. Laurianne, qui avait la chance imméritée de posséder pour maîtresse la belle et bonne fille que tu es, n'a rien trouvé de mieux à faire que de me pousser de force dans tes bras, en me demandant comme un service de le débarrasser de ta présence : voilà. Tu roules des yeux comme des meules, je comprends ça, mais en fin de compte tel est le fait. Je lui ai, comme tu n'es pas sans le savoir, rendu le service qu'il sollicitait de ma complaisance, et je suis devenu ton amant, pour son plus grand bien, pour le mien, et pour le tien également, je l'espère. Aujourd'hui, averti, — par qui? je n'en sais rien — d'un état de choses que je n'avais, d'ailleurs, pas pris le soin de lui dissimuler, M. Laurianne m'arrive comme un épileptique et me couvre de reproches et d'injures. Aux reproches, j'ai opposé autant d'objections dictées par la sagesse même, mais aux injures, j'ai simplement répondu par une magistrale calotte. Le résultat de ce petit vaudeville tout intime, c'est que Laurianne, inévitablement, va te flanquer à la porte. Or, comme je ne vois aucune espèce de raison pour te faire payer de ton pain et de ton lit les faveurs dont tu as bien voulu me gratifier, tu vas rentrer purement et simplement chez toi, tu y feras un paquet de tes frusques, tu viendras me reprendre pour dîner et nous nous mettrons définitivement ensemble : ça durera ce que ça durera.

Elle se montra extrêmement touchée de cette proposition, m'embrassa les larmes aux yeux et s'en alla.

Je l'attendis une heure, puis deux, puis trois : elle ne rentra ni dîner ni coucher.

Le lendemain seulement, en me levant, je reçus une lettre d'elle, m'avisant que je n'eusse plus à compter sur ses visites, tout étant fini entre nous. Suivait le récit d'une scène qu'elle avait eue avec Laurianne, à son retour : scène grotesque, s'il en fut, et qui terminait dignement l'épopée : Laurianne s'était traîné à genoux avec des sanglots et des cris, la suppliant de ne plus me voir, lui jurant pardon et oubli, l'appelant son amour, sa joie, sa suprême consolation, et cætera, et cætera; le tout entremêlé de promesses de mariage et de menaces de se jeter par la fenêtre.

C'était d'un bête à faire pleurer.

Je fourrai la lettre dans ma poche et pris bravement mon parti de mon veuvage prématuré, non sans vouer un fond de secrète reconnaissance à l'excellente créature qui m'avait procuré six semaines d'une liaison sans fatigue, agréablement couronnée d'une rupture sans tiraillement.

Quant à Laurianne, il ne m'a jamais pardonné, ce qui m'est suprêmement égal, et c'est depuis ce temps qu'il me traite de canaille, ce qui m'est plus égal encore.

UNE BONNE FORTUNE

UNE BONNE FORTUNE

I

— Ma foi, fit Christian Lestenet, puisqu'on parle femmes et amis, je demanderai la permission de m'emparer du crachoir, pour une petite histoire assez originale et où j'ai eu l'honneur de jouer le premier rôle — honneur assez maigre, au surplus, et dont, comme vous l'allez voir, j'ai de fortes raisons de ne me point vanter. Nous sommes entre hommes, nous n'y mettons pas de prétention, et dans ces conditions je m'en fiche; mais il est bien entendu, et c'est là une condition *sine qua non*, que cet aveu ne passera pas les portes de cette brasserie. Ah non, vous savez, pas de blague! je serais frais, moi, auprès des femmes, si ça venait à se répandre.

Le peintre Fabrice prit la parole, et, avec un petit sourire :

— Il y a gros à parier, fit-il, que notre ami, selon sa louable habitude, va nous conter quelque monstrueuse saleté.

— Plût à Dieu! répliqua tranquillement Lestenet qui ne manquait pas d'un certain cynisme, malheureusement c'est tout le contraire; mon histoire est d'une chasteté désespérante, tellement désespérante même, que j'ai quitté depuis longtemps toute espérance de m'en consoler jamais. Du reste, vous allez en juger.

Un soir de l'automne dernier, que j'étais allé au Vaudeville, je sortis pendant un entr'acte pour fumer une cigarette et me refaire un peu l'haleine à l'air déjà vif de la nuit. J'étais là depuis cinq minutes environ, les semelles au bord du trottoir, suivant de l'œil la pourchasse sans fin des fiacres et des omnibus et aspirant de toute mon âme cet adorable Paris de dix heures, dont le spectacle, avec celui de la mer, est le seul qui ne m'ait jamais lassé, quand je sentis une main qui me touchait l'épaule. Je me retournai, et je me trouvai en présence d'un garçon très grand et très blond, qui me demanda sur le ton de la plus extrême politesse, si je ne m'appelais pas Lestenet.

Je dis :

— Oui, monsieur ; pourquoi ?

— Parce que dans ce cas, fit-il, nous sommes d'anciennes connaissances.

Et, comme je demeurais muet, cherchant vainement à mettre un nom sur cette figure :

— Voyons, reprit-il, 1873...? Verdun...? 12ᵉ dragons...? Vous ne vous rappelez pas? Eh! d'Audierne! voyons donc! Lucien d'Audierne! Nous avons fait notre volontariat ensemble!

Je m'exclamai :

— Ah sacristi, je vous demande pardon! D'Audierne! Comment donc, parbleu, je crois bien que je me rappelle. Seulement, je vous dirai que je suis un peu myope, et puis, naturellement quand on ne s'attend pas...! je vous remets très bien à présent. Ça me fait plaisir de vous revoir. Comment vous portez-vous, mon cher?

Il riait. Nous nous serrâmes la main avec une grande cordialité. Il m'expliqua qu'il était attablé à la porte de l'*Américain*, quand il avait cru me reconnaître au traversé du trottoir.

— Diable, m'écriai-je, mes compliments! Vous avez la mémoire des têtes!

Il dit :

— Compliments pour vous-même ; vous n'avez pas vieilli d'une heure! En treize ans, c'est assez joli. Qu'est-ce que vous faites ce soir ?

Je répondis que je ne faisais pas grand'chose, que j'avais une place au Vaudeville, mais que, m'y ennuyant furieusement, je me faisais volontiers son homme. Ça lui suffit ; familièrement il passa son bras sous le mien :

— Eh oui, parbleu ; lâchez donc votre comédie ; nous passerons la soirée ensemble.

Et tout doucement il m'entraîna vers le café, où, dans un des enfoncements de la terrasse, une petite femme, assise toute seule, gardait deux bocks à demi vides.

— Ma petite Madeleine, fit d'Audierne, je te présente mon ami Lestenet, un ancien compagnon de chaîne du régiment, que je recommande à toute ta bienveillance et à toute ton amitié.

La petite femme me tendit la main et me dit avec un sourire :

— Monsieur, je vous souhaite le bonsoir.

J'étais d'autant plus excusable de n'avoir pas reconnu d'Audierne, que nous n'avions

eu, au 12°, que des relations par à peu près.
Sortis de « Bonjour » et de « Ça va bien ? »,
nous n'avions pas, en toute notre année de
service, échangé dix paroles et dix poignées
de main. Mais je vis tout de suite à qui j'avais
affaire ; c'était là, il n'y avait pas à s'y méprendre, l'un des garçons les plus charmants,
les plus doux et les mieux élevés qu'il fût
possible de voir, et je me pris à l'aimer follement dans le temps qu'il faut pour boire un
bock. Il y a des gens qui font jaillir la sympathie comme une étincelle d'un caillou.
Puis, ça ne m'arrive pas tous les jours, mais,
règle générale, lorsque je me lie, c'est
séance tenante et une fois pour toutes. J'ai
toujours pensé, en effet, que nous n'étions
pas pour des prunes le pays du lieu commun,
de la routine et de la sagesse toute faite, et
c'est pourquoi je ne me fais nullement scrupule de marcher contre toutes les règles du
bon sens, en accordant aux simples apparences infiniment plus de confiance qu'il
n'est d'usage. Pour moi c'est simple comme
bonjour : dans les proportions de neuf sur

dix, les gens qui ont l'air bon sont bons, les gens qui ont l'air franc sont francs, les gens qui ont l'air bête sont bêtes, les gens qui ont l'air rosse sont rosses : théorie que je prétends n'imposer à personne, mais dont, en ce qui me concerne, je me suis toujours bien trouvé. A cause de quoi je continuerai à m'y tenir jusqu'à informations plus amples.

Chacun prend sa philosophie où il la trouve.

Donc, d'Audierne me plut beaucoup, et comme, selon toutes apparences, j'eus, moi aussi, l'honneur de ne pas lui déplaire, il ne me lâcha pas que je n'eusse accepté à déjeuner pour le lendemain. Naturellement un déjeuner en vaut un autre, lequel en appelle un troisième, si bien que de déjeuners en déjeuners et de bons procédés en bons procédés, nous finîmes, d'Audierne et moi, par devenir inséparables et ne plus faire un pas l'un sans l'autre.

II

Cette amitié durait depuis près de six mois sans que rien en fût venu altérer l'enthousiasme, quand voilà, un matin, d'Audierne qui tombe chez moi avec une figure rayonnante, m'explique qu'un sien oncle vient de mourir en l'instituant son légataire universel, et que, forcé d'aller à Lyon pour la levée des scellés, il me confie la jeune Madeleine, à charge pour moi de la promener, de la conduire au restaurant, au café ou au théâtre, durant ses quelques jours d'absence.

Or, j'ai la prétention, que je crois justifiée, d'être aussi honnête, aussi probe et aussi loyal que n'importe qui,—tâche que l'aimable décomposition de ce siècle me facilite singulièrement, d'ailleurs, — mais, la théorie des femmes d'amis, autrement dites femmes sacrées, ne m'a jamais paru bien sérieuse, et, exception faite des femmes de cinquante ans, je ne vois guère, pour m'être sacrées, que celles qui en ont soixante-dix. Non vrai, vous savez, ça m'échappe ; je ne saisis pas bien cet animal étrange et de sexe indéterminé, venu au monde avec cette pancarte dans le dos : « On est prié de ne pas toucher ». J'ajoute que le chiffre respectable des queues qui m'ont été faites avec l'aide et le concours de mes meilleurs camarades m'a édifié depuis longtemps sur la valeur de l'argumentation.

Je ne me fusse donc pas gêné pour dire très nettement à d'Audierne :

— « Mon cher d'Audierne, je vous remer-
« cie mille fois de la confiance que vous
« voulez bien me témoigner, mais j'ignore
« absolument jusqu'à quel point j'en suis
« digne. Je suis monstrueusement... vicieux,
« — pour ne pas me servir d'un mot plus
« énergique — et ma foi quand l'envie
« d'une femme me vient, il n'est pas d'amitié
« au monde qui m'empêcherait de mettre
« tout en œuvre pour arriver à mes fins.
« Comme je vous aime de tout mon cœur et
« que vous êtes le dernier auquel je voudrais
« jouer un tour, il est probable que j'aurais
« assez d'empire sur moi-même pour domi-
« ner, le cas échéant, toute tentation mau-
« vaise, et pour vous rendre votre maîtresse
« telle que vous me l'auriez laissée ; mais
« j'estime qu'on ne saurait être trop prudent
« et que s'il est un vrai moyen de ne pas se
« brûler les doigts, c'est de ne pas s'appro-
« cher du feu. Les hommes sont toujours
« les hommes, et les femmes sont toujours
« les femmes. Confiez donc Madeleine à
« un autre : j'aime autant ça. »

Voilà ce que je lui eusse dit ; il eût compris, nous nous serions serré la main, et tout était fini par là. Mais je connaissais le sujet, et j'étais parfaitement tranquille. Gentille, parbleu, oh très gentille ! mais enfin moins qu'une gamine : une espèce de petite réduction en biscuit, paraissant quinze ans comme un liard, blonde jusqu'à l'invraisemblable, et aussi parfaitement capable de se faire des pantalons avec ses bas que des bas avec ses mitaines. Pour quelqu'un qui n'admet que les brunes, ne s'intéresse qu'aux rôles marqués et aime bien trouver dans une femme autre chose qu'une bouche et des cheveux, vous comprenez, n'est-ce pas, comme ça tombait bien !

Au surplus, n'en étais-je pas à la première expérience ; trente-six fois, le matin, de bonne heure, ayant grimpé, sans le trouver, les quatre étages de d'Audierne, j'étais resté à blaguer avec elle et à fumer des cigarettes assis sur le pied du lit, tandis qu'elle s'habillait devant moi, avec la confiante impudeur des camaraderies sans arrière-pensées ;

trente-six fois je l'avais tenue ainsi, à deux pas de mes yeux et de mes doigts, les bras nus, et presque les seins, sans que j'aie

jamais senti s'abattre sur mes reins le subit coup de fouet du désir et que l'idée me soit seulement venue d'étendre le bras. C'est donc avec la plus entière tranquillité d'esprit que je répondis à d'Audierne :

— Eh bien ! mon cher, c'est entendu ; vous pouvez compter sur moi, je serai chez vous à midi.

Et en effet, comme midi sonnait, je sonnais moi-même à sa porte, Madeleine, qu'il avait avertie, m'attendait en mettant ses gants ; elle prit mon bras et nous partîmes. Une heure plus tard, bras dessus bras dessous, comme dans la chanson de Judic, nous trottions par les petites rues de Saint-Germain pleines de chasseurs en dolmans bleus. Je l'emmenai au Pavillon Henri IV, où nous déjeunâmes en garçons, dans une petite salle du premier, gaie et claire, et dont les fenêtres à demi ouvertes, nous apportaient, par moments, de lointaines sonneries de cavalerie. Le café nous retint à table jusqu'à la brune, puis nous revînmes à Paris, où nous dînâmes d'un bouillon et d'une pêche, après quoi nous allâmes entendre la *Dame Blanche*.

J'avais vu venir sans trop d'empressement la fin de cette première journée, comme j'avais, sans trop d'ennui, supporté la société de ce bébé, en somme gentil et gracieux et que la première bêtise venue suffisait à intéresser où à faire rire. Pourtant, ce ne fut pas sans un certain plaisir que je m'engouffrai à sa suite dans l'ombre compacte du fiacre qui nous ramenait chacun chez nous, car j'étais, en ce temps, avec une fille des Bouffes, dont la plantureuse beauté ne contribuait pas pour une faible part au gros succès de *la Mascotte*, et le hasard nous ayant, depuis quelques jours, tenus éloignés l'un de l'autre, je n'étais naturellement pas fâché de renouer un peu connaissance.

Dix minutes plus tard le fiacre s'arrêtait ; je dis à Madeleine :

— Vous voici chez vous

et je rangeai mes genoux pour la laisser passer.

Elle répondit :

— Non, descendez ; payez et renvoyez le cocher.

J'objectai :

— Mais je garde la voiture !

Elle reprit avec une légère impatience dans la voix :

— Je vous prie de renvoyer le cocher. Faites donc ce que l'on vous dit.

J'obéis sans comprendre, croyant à une lubie d'enfant habituée à commander. Je payai l'homme, je vins rejoindre la petite qui m'attendait devant la porte déjà ouverte, et je lui tendais la main pour lui souhaiter le bonsoir, quand elle me dit à demi-voix :

— Entrez !

en me poussant doucement devant elle.

Ma stupéfaction fut telle, que, pendant l'instant qui suivit, j'ignore complètement ce qui se passa : j'entendis, comme dans un rêve, la porte retomber derrière nous, Madeleine crier :

— D'Audierne !

puis, me souffler tout bas, à l'oreille :

— Ne faites pas de bruit... montez sur la pointe du pied, à cause des concierges.

Elle m'avait pris la main, dans l'ombre, et elle m'entraînait après elle, vers l'escalier. Je me laissais faire, abasourdi, incapable d'une réflexion, ne voyant que cette bonne fortune qui m'arrivait avec la brutalité imprévue d'un coup de bâton, et dont la vision ne grisait, comme la vapeur d'un alcool puissant. Oui, me grisait, me rendait fou, me faisait haleter de tentation pour cette gamine dont, tant de fois, j'avais frôlé indifféremment la chair nue et vu les formes transparaître à travers la batiste de la chemise. C'était à n'y rien comprendre, mais enfin le fait était là, et, de l'instant où, sans crier gare, elle s'était venue placer d'elle-même dans ma main, je m'étais mis à la désirer follement, éperdument, comme si l'envie de son baiser m'eût hanté et martyrisé depuis des années. Ah ! je me moquais bien de d'Audierne, en ce moment ! Qu'est-ce que ça me faisait, d'Audierne ! Et tout ce que ma conduite avait, à son égard, de vil, d'abject et de révoltant, qu'est-ce que ça me faisait aussi ! Il n'y avait plus au monde qu'une chose pour moi : une femme nouvelle à obtenir, fade, blonde, maigre, tout ce que vous voudrez, mais n'en portant pas moins en elle l'immense attrait d'une sensation inéprouvée, d'une possession inconnue ! Je n'avais plus qu'un horizon : ce jupon qui montait devant moi, dont j'entendais le frou-frou, dans la nuit, contre les barreaux de la rampe, et d'où arrivaient jusqu'à moi des bouffées de dessous parfumés...!

L'ascension, enfin, s'acheva; nous entrâmes silencieusement, et Madeleine, ayant allumé une bougie, passa dans sa chambre à coucher. Moi je restai seul dans le salon, allant et venant de la porte à la fenêtre, et me demandant, non sans quelque perplexité, comment diable j'allais entamer l'entretien. Généralement, en pareille matière, ce n'est pas par l'embarras que je pèche ; mais vous conviendrez que cette fois, j'avais le droit de me trouver dérouté quelque peu et d'avoir un certain désordre dans les idées.

J'allais donc, le front bas, les mains derrière le dos, songeant à la situation et réfléchissant qu'aussi bien, quel que dût être le début, le dénouement serait toujours le même, quand tout à coup, de la pièce voisine, j'entendis Madeleine m'appeler :

— Christian, voulez-vous venir un instant, s'il vous plaît.

J'accourus, et je la trouvai, son chapeau encore sur la tête, se donnant un mal du diable pour amener à elle un des matelas de son lit.

— Tenez, dit-elle, donnez-moi donc un coup de main, vous serez bien gentil.

Je demandai :

— Qu'est-ce que vous faites donc là ?

Elle répondit :

— Eh bien mais, c'est pour votre lit !

— Pour mon lit ?

Je n'y étais plus du tout.

Je la regardai, très étonné.

Elle sourit et dit tranquillement :

— Naturellement, pour votre lit. Est-ce que vous aviez pensé que je vous ferais coucher sur le parquet ?

Je la regardai dans les yeux, et répondis très nettement :

— Non.

Puis, comme ce « non », très significatif, selon moi, me faisait l'effet de passer totalement inaperçu :

— Mais enfin, ma chère amie, dis-je, pourquoi diable m'avez-vous amené coucher ici ?

Cette question parut l'embarrasser beaucoup.

Elle balbutia :

— Pourquoi...? Pourquoi...? Mais je ne sais pas, moi... ; pour rien... ! Une idée comme ça, qui m'est venue. Non, vraiment, Christian, je vous assure...!

Elle était devenue très rouge, baissait le nez, avec un petit sourire gêné, au coin de la lèvre.

Je la pressai :

— Oh ! oh ! voilà qui n'est pas clair ; voyons, Madeleine, un peu de confiance, ma mignonne, il y a quelque chose que vous ne voulez pas me dire.

Elle se tut.

Je m'approchai d'elle :

— Hein, si je vous aidais un peu ?

Fraternellement, sans un baiser, j'avais pris sa taille dans mon bras. Elle se dégagea doucement et répondit :

— Eh bien !... puisque vous voulez absolument le savoir..., je vous ai amené ici... parce que... parce que j'ai peur ! Oh ! je sais, c'est bête, c'est honteux, mais enfin c'est plus fort que moi ; je serais restée toute la nuit dans la rue plutôt que de coucher seule ici.

Elle eût empoigné un seau d'eau et me l'eût lancé en pleine figure, que ça m'eût fait exactement le même effet.

Je restai tué !

Ainsi, c'était à ce dénouement qu'aboutissaient toutes les belles illusions dont je me soûlais depuis un quart d'heure ! Je m'étais pris pour un don Juan, j'étais une chandelle dans la nuit ! un être banal quelconque, appelé pour respirer et vivre dans un logement déserté ! un rideau tiré devant le vide inquiétant d'une glace ! Mon Dieu, le joli don Juan et la jolie bonne fortune ; j'aurais donné quarante sous pour pouvoir me rire au nez, tellement je me trouvais sot et niais.

Je ne bronchai pas, pourtant ; je fis bonne contenance, ne voulant rien laisser paraître d'un désappointement qui m'eût rendu grotesque. Même, je donnai le coup de main demandé pour l'extraction du matelas et j'aidai Madeleine à construire mon lit, qu'elle borda, puis ouvrit elle-même avec des soins méticuleux de petite maman. Seulement, une fois seul et la lumière éteinte, ce fut comme un orage qui a longtemps traîné et se résout brusquement en trombe :

— Mon Dieu, est-il possible d'être bête comme ça ! Quand je pense que j'ai un chez-moi ! que dans ce chez-moi j'ai un lit ! que dans ce lit j'ai une jolie femme ! une femme qui me plaît, qui me charme, qui me tente ! et que je m'en viens coucher ici, tout seul, comme un eunuque et comme un bohême ; tout ça pour une petite farceuse, qui ne pèse pas deux onces de beurre et qui n'a pas, je le parierais, autant de sens seulement qu'une bouteille ! Est-ce assez malheureux de naître cochon ! Voilà pourtant à quel degré de stupidité on arrive ! Brute, va ! Buse ! Crétin ! Tu es bien avancé, maintenant ! Eh bien ! mon cher, c'est pain béni et tu n'as que ce que tu mérites. Ça t'apprendra à faire le mufle et à jouer des tours de salaud à tes amis !

Puis des angoisses me prenaient :

— Voyons, est-ce que c'est bien vrai, cette peur-là? Est-ce que je n'ai pas affaire à une petite rouée vicieuse qui me donne la comédie, n'ayant pas osé se soutenir à la hauteur de sa première audace?

On ne sait jamais, avec les femmes !

Et alors je me l'imaginais, couchée, les yeux grands ouverts, guettant un craquement de parquet, une plainte de porte, et piétinant son bois de lit, d'impatience. Je sentais ce désir contrarié s'aigrir de minute en minute, se tourner, en rage d'abord, puis en mépris; je voyais se former peu à peu, au bord de ces lèvres dédaignées, ce redoutable sourire dont les femmes ont le secret, et qui viendrait m'accabler, le lendemain, de son ironie méprisante et de son insultante pitié.

A la fin, je sautai du lit, fou, éperdu.

Dans l'excès de sa soi-disant poltronnerie, elle ne s'était point enfermée, et, sur l'entrebâillement de la porte, le rayon d'une veilleuse de nuit venait s'écraser en étoile.

Je m'approchai, soutenu au mur, de la main; je jetai un coup d'œil dans la pièce.

Madeleine, profondément endormie, tournait le dos. Entre le retroussis de sa nuque et l'échancrure en demi-lune de sa chemise, tout un grand morceau de chair blonde apparaissait, tandis que son bras nu, jeté en travers du lit, comme pour un enlacement imaginaire, se perdait confusément dans l'ombre bleuâtre de la ruelle.

Avec d'infinies précautions, j'avais poussé puis écarté définitivement la porte, et je demeurais sur le seuil, sans un mouvement, me demandant :

— Dort-elle ? Dort-elle ?

Je tendais l'oreille, anxieux, croyant toujours qu'un éclat de rire allait s'échapper brusquement, à demi éteint dans l'oreiller. A un moment même, j'appelai, d'une voix qui n'était qu'un souffle :

— Madeleine !... Madeleine !... Madeleine !...

Rien ne bougea ; le drap brodé qui la couvrait continua de se gonfler et de s'abaisser successivement avec la lente régularité d'un pendule.

Je me dis :

— Allons, elle dort; elle dort véritablement.

Je me retirai à reculons, en ramenant la porte sur moi, et je me recouchai, un peu calmé.

III

Ais le lendemain, comme nous déjeunions dans un café du boulevard, Madeleine laissa échapper, avec un drôle de petit rire, deux ou trois phrases qui réveillèrent tous mes soupçons et achevèrent de me confirmer dans l'idée qu'elle se moquait de moi. De cet instant ma résolution fut prise; je résolus de tirer la chose au clair et d'en avoir, le soir même, le cœur net. La journée s'écoula sans incident notable; nous allâmes passer la soirée au Châtelet, ensuite de quoi nous rentrâmes nous coucher, chacun, comme la veille, d'un côté de la cloison.

Je n'avais rien laissé percer de mon petit plan, que j'avais ruminé tout le jour; je commençai par faire le mort pour laisser à Madeleine le temps de s'endormir; puis, comme la demie d'une heure sonnait, je sautai sur mes pieds, je pénétrai chez elle, je posai un genou sur son lit, et je l'embrassai en pleine bouche.

Elle jeta un cri et se dressa, effarée :

— Qui est là? Qui est là? Qui est là?

Je me mis à rire :

— Eh bien! mais c'est moi, parbleu! Est-ce que vous ne me reconnaissez pas?

Elle me regardait, de l'œil hagard des gens qui dorment debout.

Elle dit enfin :

— Ah, oui, c'est vous... Eh bien! qu'est-ce que vous voulez?

— Allons, dis-je, vous le savez bien! Voilà assez longtemps que cette plaisanterie dure.

Je l'avais prise dans mon bras, et je sentais,

à travers la chemisette, la tiédeur de son petit corps. Brusquement, d'un coup de reins, elle fut hors du lit, et je l'eus devant moi,

debout au milieu de la chambre, ébouriffée, défigurée par l'indignation.

Elle bégayait :

— Comment!... Vous!... Vous!... Un ami... un si bon ami!... Oh! jamais je ne vous aurais cru capable d'une chose pareille! C'est abominable! c'est abominable!

La façon dont ces mots furent dits coupa court à toute équivoque ; instantanément j'y vis clair et je compris quelle gaffe énorme j'avais commise.

Mais je m'étais trop avancé pour qu'il fût temps encore de revenir sur mes pas; il fallait que la fille m'appartînt coûte que coûte, sous peine, pour moi, d'être rivé à un éternel ridicule, car l'homme qui s'est montré en chemise à une femme ne peut plus lui devenir qu'un maître ou un pantin.

Je déclare qu'entre les deux rôles je n'hésitai pas un instant.

Je m'avançai sur Madeleine, les mains tendues; une tape nerveuse et énergique m'abattit successivement la main droite, puis la main gauche. En même temps, elle avait fait un saut en arrière, et remis entre nous une distance respectable.

Nous nous regardâmes sans rien dire.

Je compris que je me butais à une volonté implacable, et je n'eusse certainement pas insisté, si la pensée du rôle idiot que je jouais ne m'eût rendu capable de toutes les infamies pour parvenir à en sortir.

L'étonnante facilité avec laquelle un honnête homme devient une brute et un galant homme un goujat, quand sa vanité est en jeu, est quelque chose d'extraordinaire.

Pourtant, avant que de rien brusquer et d'en venir à aucun extrême, je tâtai de la conciliation.

Je suppliai :

— Écoutez, Madeleine ; je sais que ce que je fais est odieux et que ma conduite envers Lucien est la dernière des lâchetés, mais si j'agis comme je le fais, c'est que j'y suis poussé par une force irrésistible ; c'est parce que, depuis des semaines et des mois, je vis dans l'adulation muette de cette extase qui est votre regard et de cette caresse qui est votre sourire, parce que toute ma vie se résume aujourd'hui dans le seul désir de vous avoir, parce qu'enfin, en un mot comme en cent, je vous adore, je vous adore, je vous adore.

Elle répondit :

— Ça m'est égal; je vous prie de rentrer dans votre chambre.

Je repris :

— Eh bien, non, je n'y rentrerai pas, car j'ai assez de l'épouvantable nuit que vous m'avez fait passer hier! Non, voyez-vous, Madeleine, j'ai pu garder pour moi, sans que vous en soupçonniez rien, le secret de ce qui, je vous le répète, résume aujourd'hui toute ma vie, toute mon âme et toute ma pensée : le profond et immense amour que j'ai pour vous; mais je n'ai pas la force nécessaire pour sentir sans tentation votre lèvre à portée de la mienne; je trouve que j'ai assez souffert, assez pleuré et assez combattu, et que je ne vous ai rien fait qui puisse vous donner le droit de me torturer plus longtemps.

— Oui ou non, répéta Madeleine, voulez-vous rentrer dans votre chambre ?

Son calme inflexible me démontait, d'autant que je me trouvais en présence d'une figure toute nouvelle pour moi.

J'avais tout prévu, moins une chose, qui, justement, se présentait : la rencontre inopinée d'une femme là où je croyais n'avoir affaire qu'à une enfant.

J'eus un instant d'hésitation, puis je hurlai un

— Non !

stupide, auquel elle répondit avec une indifférence dédaigneuse :

— Eh bien ! mon cher, à votre aise ; restez ici.

Et elle-même quitta la pièce.

Elle me cédait son lit... à vide !

Un éclair de folle rage me passa devant les yeux :

— Ah petite gueuse, criais-je, je t'aurai tout de même !

Je m'étais élancé sur elle ; elle vit le mouvement et fila ; mais je m'attachai à ses talons.

Tout mon désir avait fait place à un simple

entêtement de sauvage qui ne veut pas en avoir le démenti.

Ce fut une course désordonnée à travers

l'appartement ; les portes battaient, des chaises bousculées s'écroulèrent ; Madeleine continuait à fuir devant moi, et, dans la pénombre des pièces, je distinguais la tache blême de sa chemise, semblable à ces nuages légers qu'on voit flotter, les nuits claires, au-dessus des toits. Brusquement tout s'éteignit; je me trouvai plongé dans une obscurité de cave, en même temps que je recevais en pleine figure le coup de vent d'une porte lancée avec violence.

Je poussai.

La porte résista.

Je me dis :

— Celle-là est raide! Je parie qu'elle m'a enfermé?

Et je me livrai, sur la porte, à une seconde tentative qui demeura aussi vaine que la première. Je secouai le panneau de toutes mes forces; je fis, de l'épaule, une pesée sur les ais en m'arcboutant au mur en face : rien n'y fit, j'étais prisonnier, pincé dans une souricière, mis au cachot comme un polisson turbulent dont le pion s'est débarrassé. Ah! pour drôle, elle était drôle; seulement, au bout d'un instant, je sentis la tête me tourner et je me demandai, éperdu :

— Ah çà, mais qu'est-ce que je vais devenir ?

Je promenai lentement mon regard autour de moi. Rien, rien du tout ! le noir opaque, massif, pesant comme une masse de plomb ! j'écoutai : Madeleine, à son tour, faisait la morte. C'était le silence vertigineux, l'ombre écrasante de la tombe. A la fin, pourtant, je m'habituai ; la nuit plus claire de l'escalier m'arriva par les glaces dépolies de l'entrée, sous la forme d'un grand carré, vague et livide, papillotant devant mes yeux.

Je compris que j'étais bloqué dans le vestibule.

Si j'avais eu mes vêtements, j'eusse filé et je n'eusse jamais remis les pattes dans la maison, sauf à avoir, un jour ou l'autre, avec d'Audierne, une explication franche et nette ; malheureusement, depuis les bottes jusqu'au chapeau, tout était là, bien à l'abri, de l'autre côté de cette porte inexorablement verrouillée.

Je me dis :

— Je vais essayer des pourparlers.

Le vestibule donnait accès, à gauche dans la salle à manger, à droite dans le salon où je couchais et qui communiquait lui-même avec la chambre de Madeleine. Machinalement j'en secouai la porte une fois encore, puis, me baissant jusqu'au trou de la serrure, j'appelai :

— Madeleine! Madeleine!

Pas de réponse.

Je continuai :

— Voyons, Madeleine, ce n'est pas sérieux, sapristi! Ouvrez-moi! je gèle, pensez donc!

Rien encore.

— Vous savez, Madeleine, c'est idiot ce que vous faites là; vous me ferez attraper du mal avec vos blagues. Nom d'un chien, ouvrez-moi, voyons, ou alors faites-moi passer mon pardessus; ça devient ridicule, à la fin.

Peine perdue, je n'obtins ni mon pardessus ni le moindre signe d'existence. L'appartement eût une double sortie que j'eusse cru ma gamine enfuie!...

Les dents serrées, l'oreille collée à la serrure, d'où m'arrivait le tic-tac lointain d'un balancier battant la mesure dans le silence, je pensais :

— Petite misérable, si je te tenais !...

Un moment, la tentation me vint de crever la porte à coup de pied, mais la pensée du scandale m'arrêta, et je pris un parti d'autant plus raisonnable que c'était le seul qui me restât à prendre : celui de m'aller, purement et simplement, réfugier dans la salle à manger, et d'y attendre, enveloppé dans le tapis de la table, que Madeleine voulût bien enfin me rendre à la pudeur et à la liberté.

Je passai ainsi toute la nuit, accroupi dans un angle de murs, tels que la Sachette de Hugo, les reins brisés, pleurant de fatigue, claquant des dents sous mon tapis dont l'épais tissu granuleux me dévorait les jambes comme une bande de rats. D'heure en heure le froid augmentait; les jointures mal closes des croisées me soufflaient au visage l'air glacial du dehors, me rendant — restitution dont je me fusse admirablement passé, je vous prie de le croire, — les belles nuits de salle de police d'autrefois.

Enfin, vers cinq heures du matin, crevé, n'y pouvant plus tenir, je me relevai, déterminé à tout, hormis à supporter une minute de plus l'atroce supplice que j'endurais.

J'ouvris le tiroir du buffet, je m'emparai d'un casse-noisette en fer, et, à l'aide de ce levier improvisé, j'allais faire sauter la serrure de ma porte, quand,  à ma grande surprise, elle s'ouvrit toute seule.

Ma première idée, comme de juste, fut de sauter dans mes vêtements et de m'éclipser sans tambours ni trompettes; mais j'aperçus mon lit béant, et la tentation fut trop grande. Trois quarts d'heure de promenade dans la nuit et la gelée après une séance pareille, ça me parut dur à avaler, et je me fis cette réflexion que, Madeleine se levant généralement fort tard, je pouvais dormir deux bonnes heures avant que de me mettre en route; je me glissai donc dans les draps avec une inexprimable béatitude.

Dix minutes après, je ronflais.

Comme s'était facile à prévoir, je me réveillai à onze heures.

Madeleine, levée et habillée, allait et venait dans sa chambre en jetant de temps en temps un coup d'œil dans la mienne, par l'entre-bâillement de la porte.

Quand elle me vit les yeux ouverts, elle entra, s'approcha de mon lit, et me demanda avec intérêt comment j'avais passé la nuit. Le choix de l'expression n'était pas très heureux et j'y crus voir une intention de moquerie.

Je répondis brutalement:

— Allons, fichez-moi la paix ! Vous vous êtes assez moqué de moi comme ça.

Elle dit :

— Oh ! comme vous me parlez !

Je continuai :

— Vous êtes une grue ; laissez-moi m'habiller et m'en aller, je vous prie.

Elle ne bougea pas ; gardant sa contenance déconfite de petite fille surprise en faute, et continuant de me regarder sans trouver une parole à dire.

Elle m'agaçait, je lui criai :

— Eh bien, quoi ? quand vous resterez là une heure à me regarder comme une oie ? Ça vous étonne peut-être qu'après une nuit semblable je ne sois pas encore claqué ? Je comprends ça ; ça me surprend encore bien davantage, mais il n'y a pas de temps perdu, rassurez-vous.

Elle murmura :

— Vous êtes fâché, n'est-ce pas ?

— Comment donc, m'écriai-je, fâché ? mais pas du tout ! Au contraire, ma chère amie, au contraire.

Puis, avec un haussement d'épaules :

— Tenez, laissez-moi donc tranquille, voulez-vous ? parce que, vraiment, c'est trop bête.

Je me sentais envahi pour elle d'une haine basse et féroce, et j'aurais éprouvé une joie infinie, moins peut-être, à taper dessus qu'à la couvrir froidement d'ignominies, d'outrages blessants, d'insultes bêtes, qui l'eussent fait bondir et pleurer. J'avais été trop ridicule, j'éprouvais le besoin d'être odieux, comme si j'eusse dû rencontrer, dans les révoltes désespérées et impuissantes de cette plus faible, un baume calmant à appliquer sur la blessure saignante de mon amour-propre. Ah, si elle avait dit un mot ! fait seulement l'ombre d'une allusion ou d'un reproche !... Mais non, elle restait calme et douce, se justifiant avec une contrition naïve qui laissait ma rancune sans prise.

Elle disait :

— Ecoutez, je sais que j'ai eu tort, mais, aussi j'ai perdu la tête ! je me sentais à un pas de vous, sous votre main presque, et j'ai eu peur d'un malheur, ça se comprend. Ensuite, naturellement, j'ai été désolée, mais je ne savais plus quoi faire; je me disais : « Il est furieux ! Si je lui ouvre et qu'il ne me laisse pas à moi-même le temps de revenir m'enfermer, que se passera-t-il ? » Je vous entendais bien m'appeler ! mais je n'osais faire un mouvement. Ce n'est qu'au bout d'une heure que je me suis décidée. Alors je me suis relevée, je suis venue sur la pointe du pied jusqu'à la porte, et j'ai mis au moins cinq minutes à faire deux tours à la clef. Voyons, Christian, ne m'en veuillez plus, tout ça, au fond, c'est des bêtises. Et puis, je vais vous dire une chose : il ne faut pas être froissé... si... je n'ai pas voulu avec vous. Ce n'est pas parce que c'était vous plutôt qu'un autre, certainement non. Au contraire, vous me plairiez plutôt; je vous aime bien, même. Seulement voilà, je ne veux pas tromper Lucien, qui est très bon et très gentil pour moi, et qui ne m'a jamais rien fait pour que je puisse me conduire mal. Je vous jure que c'est pour cela, pas pour autre chose ?

De la femme d'hier, plus rien ! Enfuie, dissoute, évaporée ! La gamine était reparue, avec ses airs et ses candeurs d'enfant de sept ans. Et je regardais, méfiant, cet étrange petit être dont la complexité me déroutait; cette façon de Protée en jupe, insaisissable, changeant et rechangeant de peau avec la spontanéité des transformations à vue. Du reste, loin de calmer mes nerfs, la tournure conciliante que prenait l'entretien redoublait ma mauvaise humeur; je me complaisais peu à l'idée d'un replâtrage au bout duquel j'en restais pour mes frais, pour ma veste et pour ma nuit blanche. Non que je tinsse plus que cela à la femme; je n'y pensais même plus, grand Dieu ! et ça m'était parti comme ça m'était venu; mais enfin c'est vexant, quant on a trente-trois ans, de se faire berner et flanquer une leçon par une petite pensionnaire dont on serait presque le papa.

Elle, cependant, insistait :

— Voyons, Christian, laissons cela. Voulez-vous, dites, que nous n'en parlions plus ? Il fait beau temps et pas trop froid; vous vous lèveriez en deux temps, nous irions déjeuner, par exemple à Versailles, et ce serait joliment plus drôle que de rester brouillés tout le temps pour une sottise.

Que faire ? Refuser la main qu'elle me tendait ? M'obstiner dans une bouderie niaise et qui n'eût servi qu'à donner plus de relief à mon dépit ? Je préférai en rester là et lui tendre le bout des doigts avec une mauvaise grâce hautaine et protectrice. Seulement, je me dis à moi-même :

— Toi, ma fille, je te repincerai

IV

Toute la journée, elle fut charmante, oh mais charmante absolument, avec une grâce attentionnée d'écolière qui veut faire oublier sa faute, et une certaine coquetterie, confiante et enjouée, que je lui voyais pour la première fois.

On sentait que quelque chose s'était passé entre nous, un quelque chose dont nous affections de ne nous souvenir ni l'un ni l'autre, mais dont, par cela même, elle goûtait sourdement la piquante saveur de mystère. Et puis, j'avais donné pâture à ce besoin de romanesque sans lequel nulle femme n'est née ; elle avait eu son petit roman, dont elle s'était su tirer à son honneur et sans y laisser ses plumes, et dans son parler, son sourire, la pression de son bras sur le mien, il y avait une secrète reconnaissance. Conformément à son désir, je l'avais conduite à Versailles, pilotée à travers le parc, puis par les salles vides du Musée de peinture. Trois heures durant je l'avais remorquée à mon flanc, d'une toile à une autre toile, éreinté, bâillant dans ma main, en proie à un énervement sans cesse croissant, et ne prenant même pas la peine de déguiser ma maussaderie.

Même, un moment, elle me secoua le bras, avec une mutinerie impatiente :

— Et bien! vous en faites, une figure ! Soyez donc plus aimable que cela !

J'ébauchai un vague sourire et mâchonnai je ne sais quoi sur la migraine.

La vérité, c'est que, plus j'allais, plus ma triste équipée de la nuit me faisait poids sur l'estomac; quelque effort que je fisse pour m'en débarrasser, toujours, éternellement, sans relâche, la même silhouette venait se replacer devant mes yeux : une silhouette grotesque, monstrueuse, courant nu-pieds et en chemise dans un désordre d'appartement bouleversé ! Et, cette silhouette, c'était la mienne ! C'était moi, ce fantoche inepte, cette marionnette imbécile finissant par aller échouer, comme un paquet, dans une encoignure de pièce et y grelotter de froid sous un tapis de table !

Ah, le sale cauchemar, mon Dieu ! l'obsession atroce et odieuse ! et comme on s'explique que l'homme, qui en a, toute une journée, été hanté, poursuivi, torturé, en arrive à cette conclusion :

— Eh bien, non, non, mille fois non ! N'importe quoi, pourvu que ça cesse !

Et dame, vous savez, on va loin, avec le n'importe quoi !

Pour mon compte, voici où ce raisonnement m'amena.

De retour à Paris et la soirée achevée, j'emmenai ma compagne au *Lyon d'Or*, où nous nous attardâmes une heure devant un petit souper froid, puis nous rentrâmes, en nous promenant, au clair de lune. Il pouvait être deux heures et demie comme Madeleine mettait le doigt sur le bouton de la sonnette. Alors seulement tranquillement, avec cette belle sérénité que donne le devoir accompli :

— Et maintenant, lui dis-je, je vous souhaite le bonsoir.

Elle tressauta :

— Comment, bonsoir? Vous me quittez?

Je répondis :

— Incontestablement.

— Pourquoi?

— Pourquoi? Parce que.

— Voyons, fit-elle, ce n'est pas sérieux, je suppose?

— Tout ce qu'il y a de plus sérieux, dis-je très nettement. Ma chère amie, écoutez-moi : ainsi que je vous l'ai déjà dit, j'ai le malheur d'être amoureux de vous.

Elle railla :

— Tiens, ça vous reprend!

— Ça ne me reprend pas, répondis-je, par

cette excellente raison que ça ne m'a jamais quitté. Donc, je suis amoureux de vous, ça vous laisse froide et je comprends ça; mais vous admettrez, n'est-ce pas, que l'humaine force a ses limites. Or, si cela ne vous fait rien de me sentir près de vous, cela me fait beaucoup de vous sentir près de moi. Vous avez vu hier à quelle extrémité un honnête homme, poussé à bout, peut en venir; vous avez bien voulu me pardonner et je vous en remercie de tout mon cœur, mais je n'éprouve aucune envie de recommencer cette petite fête, — ce qui arriverait inévitablement si je ne prenais la précaution de mettre la moitié de Paris entre nous deux. Par conséquent, bonsoir ; à demain, et sans rancune.

Je lui tendis la main, mais elle ne la prit pas.

Elle demeura immobile, sans parler, regardant vaguement devant elle. Mais tout à coup elle me fixa, et, avec un sourire que je n'oublierai jamais :

— Mon cher, dit-elle, vous savez; c'est rudement lâche ce que vous faites là !

J'eus un mouvement de surprise bien joué :

— Lâche ? Comment cela ?

Elle continua :

— Ne faites donc pas l'étonné; vous me croyez par trop enfant. Mais si vous étiez de bonne foi, est-ce que vous auriez attendu jusqu'à deux heures du matin pour me tenir un pareil langage après être resté tout le jour à ne rien dire ? Cela tombe sous le sens, voyons.

Je protestai :

— Pardon, j'affirme...

— N'affirmez rien, reprit-elle avec douceur; si vous pensez que je ne lise pas dans votre jeu et que je voie pas les fils blancs dont vos malices sont cousues, vous vous trompez carrément. C'est comme cet amour spontané, qui vous arrive comme un rhume de cerveau, est-ce que, tout de bon, vous espérez que j'en crois seulement une syllabe ? Non, voulez-vous que je vous dise ? Vous m'avez prise pour une autre, voilà tout, et quand vous vous êtes rendu compte que vous vous mettiez le doigt dans l'œil, cela vous a vexé, parbleu ! Oh, il est inutile de faire les grands bras ; je vous aurais conçu, créé et mis au monde, que je ne vous connaîtrais pas mieux : vous êtes orgueilleux comme un paon ! — Et alors, avec ce cynisme égoïste qui est le plus bel apanage de votre sexe, vous vous êtes tenu ce raisonnement : « Au fait, je serais bien naïf de me gêner, j'ai affaire à une poltronne, spéculons sur son côté faible en la mettant dans la dure nécessité — ou de coucher seule — ce dont je la sais incapable, — ou de coucher avec moi, ce qu'il fallait démontrer. Voyons, est-ce cela, oui ou non ? Soyez franc, une fois en votre vie.

Je répondis avec une dignité hautaine :

— Je crois être au-dessus de semblables soupçons et je ne m'abaisserai, certes pas, jusqu'à prendre la peine de me justifier. Croyez ce qu'il vous plaira de croire, et, encore une fois, bonne nuit.

Mais cette fois, ce fut elle qui me sauta sur la main, et, m'attirant vivement à elle :

— Christian !

— Quoi ? ma chère enfant ?

— Ce n'est pas, ce n'est pas possible, que vous parliez sincèrement !

— Je vous répète, répondis-je, que rien au monde n'est plus sérieux.

— Mais ce serait une infamie !

— Quoi ? de mettre à profit la confiance d'un ami pour lui voler sa maîtresse ? Cela ne fait pas l'ombre d'un doute. C'est justement pourquoi je m'en vais.

— Alors, vous vous sentez du bois dont on fait les malhonnêtes gens ?

— Pardon, dis-je, vous vous méprenez : il n'y a pas ici de malhonnête homme, mais simplement un monsieur auquel le veuvage est pénible et que vous condamnez, depuis trois jours, à une abstinence qui lui pèse. Ce n'est pas plus grave que cela.

— Et en conclusion, fit-elle, il faut que j'en passe par votre bon plaisir ? C'est votre dernier mot, n'est-ce pas ?

Je me tus.

Elle dit :

—Très bien. C'est abject, mais je me résigne.

Ça y était !

Le sang me battit dans les tempes avec violence ; je me sentis changer de couleur.

Je balbutiai :

— Que voulez-vous dire par là ?

— Ce que je veux dire ? Eh, c'est bien simple ! je vous cède ! Qu'est-ce que vous voulez que je fasse !

Je la regardai dans les yeux. J'avais tout fait, elle l'avait compris, pour l'amener à cette solution, et, maintenant qu'elle y était venue, je me sentais envahi d'une vague méfiance. Je m'étais attendu à plus de tiraillements et de révoltes, à une réussite sinon moins éclatante du moins plus marchandée, et ce succès sans coup férir m'épouvantait.

Je m'approchai, lui pris les poignets dans mes doigts, et, d'une voix sourde :

— Assez d'équivoque, n'est-ce pas ; j'entends coucher avec vous et près de vous ; vous entendez bien : près de vous ! Jurez-moi qu'il en sera ainsi.

Elle dit :

— Mais oui, je vous le jure ! Vous devenez bête, mon cher ! Tenez, passez donc !

Il y eut dans la façon dont ses paroles furent dites, une intention méprisante qui me fit plaisir.

Je pensai :

— Elle est furieuse, c'est bon signe.

J'obéis donc, et je montai devant elle, mais parfaitement décidé à ne pas la perdre de vue un seul instant.

A cet effet, je commençai par prendre possession de la chambre : ma canne dans un coin, mon chapeau sur un meuble, en homme qui rentre chez soi et prend ses quartiers pour la nuit ; puis je m'assis à demi sur le lit, et je roulai une cigarette.

Elle, cependant, tournait, virait, allait et venait d'une chaise à l'autre.

Méthodiquement, doigt par doigt, elle avait enlevé ses gants et perché ensuite son chapeau sur le globe de la pendule, tout cela sans prononcer un mot, avec une mauvaise volonté et une lenteur systématiques. Dire que j'éprouvais pour elle l'ombre seulement d'une tentation ou d'un désir, mon Dieu non ! Elle m'eût dit :

— Je me rends, prenez-moi !

Que je lui eusse vraisemblablement serré la main et que je m'en fusse allé dormir dans le salon, avec autant de calme et de sang-froid que si elle n'eût pas été là! Mais je la sentais de mauvaise foi, déterminée à m'échapper quand même, et il n'en fallait pas davantage pour m'enferrer de plus en plus dans mon parti énergiquement pris de l'amener à soumission. Car, maintenant, tout se résumait là : l'entêtement de l'une à se défendre stimulant l'entêtement de l'autre à conquérir.

A la fin, elle se laissa tomber sur un fauteuil, amena l'un de ses pieds sur son genou, et commença de délacer sa chaussure ; mais presque immédiatement elle se redressa, et, avec une impatience coléreuse :

— Mais enfin allez-vous-en donc ! Vous voyez bien que vous me gênez ! Passez cinq minutes au salon, je vous appellerai quand je serai prête.

Je dis :

— Pour me remettre sous clef? non, merci ! Ça ne prend pas deux fois, ces choses-là. A cette heure, je suis ici et je m'y trouve bien.

Alors elle leva les épaules, lentement, laborieusement, comme sous l'accablement d'un poids énorme, et elle murmura un :

— Quelle plaie !

qui m'eût pleinement édifié sur la nature de ses sentiments, si j'eusse encore conservé quelque illusion à cet égard.

Je ne bougeai pas.

Elle reprit :

— Mais en vérité c'est inouï ! Mais qui est-ce qui vous a élevé ! Mais de quelles femmes, jusqu'ici, avez-vous donc été l'amant ! Alors vous ne comprenez pas que vous m'empêchez de me coucher? que j'ai besoin d'être seule un moment? Il faut donc tout vous dire, enfin !

Une honte me prit; la pensée que je me conduisais comme un simple charretier en noce, me fit monter le rouge au visage.

Je balbutiai :

— Pardon... c'est vrai... je vous demande pardon...

Et je quittai précipitamment la chambre.

Dans le salon, mon lit, préparé du matin, m'attendait.

Je me jetai dessus, tel que, avec mes vêtements et mes bottes, et je m'accoudai dans l'oreiller. J'étais énervé, inquiet, mécontent de moi et de tout. Quelque effort que je pusse faire pour réagir et m'en faire accroire à moi-même, ma mauvaise action me tournait sur le cœur, et le dégoût instinctif qu'elle m'inspirait ne trouvait pas une suffisante compensation dans la triste satisfaction qu'y puisait ma vanité. La vérité, c'est que j'eusse donné dix ans de ma vie pour ne m'être pas fourvoyé dans cette galère, dans cette déplorable et malpropre aventure d'où mon orgueil ne pouvait plus sortir sauf, qu'en le rachetant de mon honnêteté; car l'homme est ainsi fait, pourtant, qu'il pardonnera à la femme de l'avoir trompé et trahi mais non pas de l'avoir brutalement désabusé en l'éclairant une fois pour toutes sur la grandeur de sa fatuité, l'étendue de sa maladresse, et la niaiserie de sa présomption.

Quelques minutes s'écoulèrent.

Successivement le bruit m'arriva, d'abord des deux petites bottines qui s'abattent près l'une de l'autre, sur le parquet, puis des jupes, qui glissent et s'affaissent avec un frou-frou de soie froissée. Un silence long et éloquent traduisit l'extirpation, toujours délicate, des bas. J'écoutais, anxieux, fiévreux, guettant l'instant de ma réplique. Enfin, des craquements de sommier m'avertirent que mon tour d'entrer en scène était venu ; je m'approchai, frappai discrètement à la porte, que j'avais ramenée à demi en me retirant, et je demandai :

— Puis-je entrer ?

Une voix répondit :

— Entrez, si vous voulez.

J'entrai, et tout d'abord je ne distinguai pas grand'chose dans le demi-jour de veilleuse où baignait doucement la chambre. Madeleine, perdue au fond du lit et le nez tourné à la ruelle, semblait endormie déjà.

Silencieusement, d'un tour de main, je me débarrassai de mes vêtements et j'allai m'étendre près d'elle, ce qu'elle me laissa faire sans même tourner la tête, avec une soumission insensible et passive.

Cependant, machinalement, cherchant le drap à ramener sur moi, je promenais, sans le trouver, ma main le long du lit. En même temps, mon œil s'accoutumant, Madeleine m'apparut tout à coup comme une masse empaquetée, comme une manière de poupart ficelé jusqu'au cou en ses langes. Je me penchai, et instantanément je compris : la petite drogue s'était enroulée dans son drap, tel qu'une momie l'est dans ses bandes, et de la main, à l'intérieur, le maintenait étroitement pressé contre son corps, aussi parfaitement défendue ainsi, que si elle se fût engloutie dans un sac !

Je poussai un éclat de rire exaspéré :

— Et allons donc ! j'aurais dû m'attendre à cela !

Elle dit :

— Vous attendre à quoi ? Je tiens le serment que j'ai fait de vous laisser coucher avec moi et près de moi. Couchez-vous; qui vous en empêche?

L'ingénuité admirable avec laquelle ces paroles furent prononcées, acheva de me mettre hors de moi.

Je hurlai :

— Ah petite misérable ; j'aurai raison de votre entêtement !

Et je sautai dessus, comme une brute.

Mais tranquillement, sans s'émouvoir, elle fit bascule sur le côté et se laissa glisser dans la ruelle avec une souplesse de couleuvre. Moi j'empoignai le bois de lit que j'attirai violemment, affolé, décidé à tout, fût-ce à la prendre sur le plancher, entre le flanc des matelas et la boiserie de la cloison. Le lit, énorme et pesant, résista. Madeleine, avec un sang-froid qui aiguillonnait ma fureur, dit simplement :

— Pourquoi faire vous obstiner? On ne prend pas une femme de force, et je vous répète que je ne tromperai pas Lucien.

J'en étais pleinement convaincu, mais je

ne m'en obstinais que davantage dans mon idée fixe imbécile. Moins découragé qu'enragé par l'échec d'une première manœuvre, je me bornai à déplacer le terrain de la lutte, et, m'abattant en travers du sommier, je commençai de m'exténuer en efforts pour saisir et ramener à moi cette masse inerte, quasi morte, sur laquelle, exténués, brisés, mes doigts glissaient sans trouver prise. Et je me rappelais à moi-même ce paysan mettant son stupide point d'honneur à déraciner de la main une pièce de six liards plantée debout, à coup de marteau, entre deux pavés. Madeleine, muette, les dents serrées, me poursuivait de son regard fixe.

Un moment vint où je dus m'arrêter pour souffler.

Elle dit alors :

— Ne vous donnez donc pas tant de peine, puisque je vous déclare que c'est du temps perdu.

— Et moi, répliquai-je, je vous déclare que vous ne sortirez de mes mains que morte ou conquise !

— En ce cas, dit-elle, assassinez-moi tout de suite ; c'est plus simple.

Vous l'avouerai-je ? eh bien ! la tentation m'en vint !

Oui ! parfaitement ! C'est comme j'ai l'honneur de vous le dire ! Tout insensé et tout invraisemblable que cela puisse vous paraître, je vis rouge, rouge, entendez-vous ! et pour la première fois de ma vie je connus le vertige du meurtre, le désir fou, impérieux, irrésistible, de fermer, coûte que coûte, une bouche qui défie, d'éteindre la bravade horripilante d'un regard, — le regard dût-il y rester ! Il me semblait que derrière moi quelqu'un d'invisible me poussait le coude, me soufflait tout bas à l'oreille :

— Hardi ! Vas-y ! Un bon mouvement ! Tu te flanqueras par la fenêtre ensuite.

Ma foi je crus que ça y était ! Et puis c'eût été fait si vite !... Juste le temps d'étendre le bras et de serrer un peu la main ! Je me souviens de cette minute comme de l'instant le plus épouvantable par lequel j'aie jamais passé !

Mais brusquement un éclair de raison se

fit jour dans mon cerveau ; ce fut comme si le quelqu'un d'invisible m'eût jeté sous les yeux un miroir, reflétant fidèlement l'ensemble de la scène : moi, féroce, bestial, monstrueux ; elle, toute blanche, la prunelle agrandie par l'angoisse. Et alors je bondis sur mes pieds, je sautai dans mon pantalon, criant :

— Et allez donc vous faire foutre, au surplus ! Qui est-ce qui m'a flanqué une rosse pareille ! Est-ce que vous vous figurez que j'ai besoin de vous !

Tout de suite elle se sentit sauvée ; et, dégageant ses bras, elle se regrimpa sur son lit, d'un effort.

— Elle est bien bonne ! exclama-t-elle ; est-ce moi, par hasard, qui vous demande quelque chose ?

Mais le timbre seul de sa voix me donnait des convulsions.

De nouveau, je me ruai sur elle, je lui vociférai dans le nez :

— Nom de Dieu, voulez-vous vous taire ! Hein ? Dites ? S'il vous plaît ? Voulez-vous ?

Elle comprit que les choses tournaient mal, et, du coup, elle ne dit plus rien. Moi, j'achevai de me rhabiller, sombre, sans un mot, enfonçant mes chaussures à grands coups de talon, crevant mes coutures de gilet dans ma hâte d'être dehors. Tout à coup Madeleine se dressa ; elle eut de la main un geste impérieux :

— Chut ! Taisez-vous !

Je m'arrêtai, un bras en l'air, à demi entré dans la manche de la redingote, et il y eut un instant de silence pendant lequel arriva jusqu'à nous, comme un lointain grignottement de souris, le bruit d'une clef fourgonnant dans la serrure.

Nous nous regardâmes.

Madeleine murmura :

— Oh mon Dieu, c'est Lucien !

— Eh bien, m'écriai-je, tant mieux ! je vais avoir affaire à un homme, il n'est que temps !

Et presque immédiatement d'Audierne parut.

A ma vue, il s'arrêta net, dans l'encadrement de la porte; ne songeant même pas à poser sa valise. Il fit :

— Tiens !

Et jeta un coup d'œil vers le lit.

— Est-ce que Madeleine est malade ?

J'allai à lui :

— Écoutez-moi : je pourrais vous répondre « oui », ce qui couperait court à toute discussion, mais j'ai besoin de placer mes nerfs et c'est pourquoi j'aime mieux en finir une bonne fois et trancher carrément dans le vif. Vous placez trop légèrement vos amitiés, mon cher d'Audierne, et si je puis me permettre de vous donner un conseil, c'est de me retirer immédiatement la vôtre. Je me suis conduit avec vous comme tant de fois je me suis conduit avec les autres : en goujat, en malhonnête homme et en mauvais camarade ; amené ici par mademoiselle, qui, comme une petite bête qu'elle est, a peur des plis de ses rideaux, du dessous de ses fauteuils et du revers de ses portes, j'ai tout fait pour l'amener à être ma maîtresse, tout fait ! ce qui s'appelle tout fait ! jusqu'à la menacer de l'étrangler si elle se refusait à me céder ! *Ecce homo ;* le procédé envers la femme vaut le procédé envers l'homme ! Et le plus curieux de l'affaire, c'est qu'en effet elle n'a pas cédé ! Ça peut paraître extraordinaire, mais enfin c'est comme je vous le dis ; j'ignore si elle est sincèrement vertueuse, mais en tout cas elle est bougrement entêtée, ah sacristi, la sale mule ! Vous êtes libre, sur ce point, de me croire ou de ne pas me croire et de vous tenir pour cocu si bon vous semble ; quant à moi, je vous ai dit le fait dans sa brutalité sincère ; et maintenant, si vous n'êtes pas satisfait, vous pouvez me flanquer des calottes : je vous donne ma parole d'honneur que je les garderai !

D'Audierne semblait très gêné ; il eut un

instant de silence, puis, avec un demi-sourire:

— Oh! il ne s'agit pas de cela, fit-il en protestant de la main; nous ne sommes, ni vous ni moi, d'un monde où les questions se tranchent à coups de poing.

Je compris que j'avais dit une bêtise, et je me fis un devoir, comme de juste, de la maintenir énergiquement:

— Si! Si! Ne vous gênez donc pas! Je vous assure que cela me fera plaisir!

Il m'interrompit:

— Laissons cela; Madeleine, d'abord, n'est jamais que ma maîtresse, et au surplus il y a eu dans tout ceci, de sa faute autant que de la vôtre.

— Voyons, m'écriai-je, est-ce vrai? On ne ramène pas les gens coucher, quand le diable y serait! Il faut ne pas avoir pour deux liards de bon sens!

— C'est évident, fit d'Audierne; Madeleine a eu très grand tort, elle eut dû me prévenir avant que je ne parte, j'aurais vu ce que j'avais à faire!

J'approuvai :

— C'est incontestable !

Deux ou trois fois il répéta :

— Incontestable, incontestable !

Puis nous restâmes en face l'un de l'autre, nous regardant, ne trouvant plus rien à nous dire.

La situation devenait embarrassante.

Brusquement je me décidai.

Je demandai :

— Et vous avez fait bon voyage ?

— Excellent, dit-il, je vous remercie.

Je lâchai un :

— Nous ne vous attendions pas si tôt

que je regrettai immédiatement, mais d'Audierne parut ne pas s'apercevoir de la saugrenuité du mot ; il m'expliqua que son affaire avait été expédiée en deux temps et trois mouvements, ce dont je me montrai ravi.

Ainsi, durant quelques minutes et comme si rien ne se fût passé, nous causâmes de nos petites affaires, du temps qu'il avait fait, de l'ennui des voyages, etc., etc. A la fin, la conversation languissant, je lui tendis la main et lui souhaitai le bonsoir. Il me rendit le bonsoir et me donna la main :

— Eh bien ! bonne nuit, et merci.

Je répondis machinalement :

— Il n'y a pas de quoi.

Et nous prîmes congé l'un de l'autre sur ce mot.

Deux jours plus tard, je me risquai à donner un coup de pied jusque chez d'Audierne. Je reçus de lui un accueil poli sans empressement ; — je dis que je le reçus de lui, car Madeleine s'abstint absolument de paraître, bien qu'elle fût à la maison et que je l'entendisse fort bien aller et venir dans la pièce voisine.

L'entrevue fut courte et gênée, et prit fin sur un vague « à un de ces matins ! » qui ne m'illusionna en aucune façon.

Inutile de vous dire, n'est-ce pas, que nos relations en restèrent là, et que, depuis, nous n'entendîmes plus parler l'un de l'autre. J'ai seulement appris, dernièrement, qu'un camarade commun lui ayant posé cette question :

— Qu'est ce que vous faites de Lestenet ?
d'Audierne lui avait répondu :

— Ma foi, nous sommes un peu en froid ; il m'avait fait une visite, j'ai négligé de la lui rendre, et il s'en est formalisé. Je le crois un peu susceptible.

MARGOT

MARGOT

Le poète Georges Lahrier, qui comprit que son tour était venu de passer au confessionnal, s'exécuta de bonne grâce. Il prit ce qu'on nommerait en style de vaudeville une position commode pour parler, et, renversé en arrière dans le velours de la banquette, les deux mains enfouies en ses poches, voici l'histoire qu'il conta :

— Au cours d'une excursion que je fis en Hollande, il y a de cela quelques années, je me trouvai placé, un jour, à une table d'hôte de Dordrecht, auprès d'un gros garçon réjoui, que flanquait une assez jolie femme, maigre et brune, et que j'avais immédiatement reconnu pour compatriote ; — car c'est un fait que les Parisiens s'entredevinent avec une sûreté de flair et de coup d'œil près de laquelle la poignée de main franc-maçonnique est une simple plaisanterie.

Le temps de nous passer les burettes, la salière et le pot de moutarde, et la connaissance fut faite, comme c'était inévitable entre gens de même sang et de même race, que le hasard fait se rencontrer nez à nez à cent lieues de chez soi.

Nous nous présentâmes l'un à l'autre sans autre forme de procès :

— M. Bernard Aubry.

— M. Georges Lahrier.
— Voyage de noces.
— Tournée de vacances.
— Monsieur, je vous présente ma femme.
— Madame, je vous présente mes devoirs.

C'était autant qu'il en fallait pour sceller le pacte d'une camaraderie de passage et s'aller attabler ensemble à une terrasse de café.

J'ÉTAIS tombé sur une de ces aimables mais extraordinaires pies borgnes, dont l'intarissable galoubet devient rapidement à l'esprit, comme un ronronnement satisfait de matou en bonne fortune, un bourdonnement de goutte d'eau restée dans l'oreille, après le bain. Nous n'en étions pas au second bock, que déjà, intime confident, je me voyais initié aux secrètes divisions de l'estimable famille des Aubry, promené comme en un labyrinthe, d'un bout à l'autre d'une inextricable parenté ! Trois cents oncles, neveux, beaux-frères, cousins, cousines, dansaient autour de moi la ronde, me traversaient la tête de l'une à l'autre oreille, à l'instar d'une ahurissante et interminable farandole : histoire sans fin et défiant toute issue, d'où sortaient par moment, sans que l'on sût pourquoi et tel que les gamins de la mère Gigogne de dessous les jupes maternelles, d'autres histoires plus petites, mais non moins incompréhensibles ; le tout scandé, haché, coupé, d'un éternel :

« N'est-ce pas, Margot ? »

que l'on voyait surgir de terre à chaque entrée en scène d'un nouveau personnage.

Mais ladite Margot restait muette, se bornait à des hochements de tête approbatifs, envahie d'une somnolence à laquelle elle s'arrachait subitement dès que pointait à l'horizon la tache claire d'un uniforme d'officier. Alors elle levait les paupières, et, de ses yeux cerclés de bleu, bleus eux-mêmes, elle allait au devant du soldat, s'en emparait, l'amenait à elle, puis le suivait de loin par la foule, jusqu'à ce que l'éclair du sabre se fût éteint à un tournant de rue.

Elle m'intriguait; ce profil pur et maladif de vierge éreintée et vicieuse, dont le double bourrelet des lèvres rompait la délicate finesse avec la brutalité choquante d'une invite, ce regard flottant et perdu devant lequel on sentait défiler et se battre les visions sorties tout armées d'une névrose de mauvais aloi, exerçaient sur ma curiosité une véritable attirance, qui, d'ailleurs, ne contribua pas dans une faible mesure à me faire accepter la subite proposition, à moi faite par Bernard Aubry, de continuer notre route de compagnie.

Ainsi pris comme au coin d'un bois, j'eus cependant une minute d'hésitation, retenu par un naturel sentiment de discrétion.

J'objectai :

— Ce n'est pas sérieux! On sait ce qu'est un jeune ménage; je vous gênerais, sapristi!

Mais si spontanément et si ingénument il me répondit :

— Pourquoi donc?

que je ne pus m'empêcher de rire.

— Qu'est-ce qui vous fait rigoler? dit alors mon nouvel ami qu'une certaine quantité de bocks avait peu à peu dégagé de la retenue forcée d'une première entrevue, et qui rentrait instinctivement dans ses allures lâchées de commis voyageur, de bon garçon resté garçon quand même, malgré le maire et le curé.

— Mais, dis-je, c'est tellement... étrange, cette idée! Nous nous connaissons depuis deux heures, quand le diable y serait! et je ne sais si je puis me permettre...

Il ne me laissa pas achever :

— Laissez donc, mon cher, vous blaguez! Est-ce que l'on se gêne jamais, entre jeunes gens? Ce sera charmant, au contraire; n'est-ce pas, Margot?

— Certainement, répondit Margot qui ne mit dans cette affirmation ni enthousiasme bien flatteur, ni, je dois le dire, froideur blessante.

Moi, j'en avais dit un peu trop pour qu'il me fût possible encore de me dégager.

Le bonhomme, d'ailleurs, n'avait rien qui me déplût; un certain courant de sympathie me poussait même vers ce fou, que je sentais bien ne pas valoir grand'chose, être un peu flemme, un peu traînier, un peu ivrogne, mais enfin bâti d'une seule pièce dans sa candeur et sa droiture de gros gamin mal élevé.

Je m'avouai donc convaincu, et, de cet instant, nous ne fîmes plus qu'un.

Côte à côte, barrant les trottoirs, nous traversâmes Leyde et Harlem, puis la Haye, d'où nous emportâmes l'impression d'une ville qu'on brosserait le matin à la façon d'une paire de bottes, et dont les citoyens gagneraient les banlieues pour y cracher, vider les culots de leurs pipes et secouer la poussière de leurs descentes de lits;

Amsterdam, où le touriste inquiet n'ose tourner un angle de rue dans la crainte de se faire enlever au passage par quelque aile de moulin à vent exaspéré; Amsterdam, dont les rouges maisons ont leurs escaliers sur la tête, et que les mâts

« violet, indigo, bleu, vert, jaune, orange, rouge »

d'innombrables barques à l'ancre, pavoisent d'un formidable et mobile arc-en-ciel.

Ici comme là et comme partout, Margot demeura la même, promenant d'une cité à l'autre ce masque d'incurable ennui dont la désespérante impassibilité avait fini par me devenir un intolérable supplice.

De temps en temps un pâle sourire, à la fois éclos et éteint, l'aumône d'un regard de complaisance jeté à droite ou à gauche avec un

— Ah! oui!

glacial, ce fut tout ce qu'on obtint d'elle, et elle se retrouva à Paris, exactement aussi avancée que si elle n'eût pas mis les pieds hors de chez soi.

Pour Bernard, c'était autre chose.

Dire que la qualité de la bière hollandaise n'occupait pas une place un peu exagérée dans son enthousiasme bruyant et que le manque presque absolu de pain dans un pays où les moulins abondent comme les giboulées en mars, n'avait pas plus que de raison frappé cette imagination contemplative à sa manière, il y avait bien un peu de ça. N'importe, il se montrait ravi, comme il se montrait ravi de tout, étant de ceux qui aiment l'existence depuis les pieds jusqu'à la tête et qu'assure d'une inaltérable sérénité un de ces bons diables d'égoïsmes auxquels on n'a pas le courage d'en vouloir.

— Drôles de corps et drôle de couple! pensai-je en moi-même tout bas, quand, la dernière poignée de mains échangée par la glace baissée du fiacre qui les ramenait à leurs pénates, je me retrouvai — enfin seul! — les pieds sur l'asphalte parisien. Il n'y a rien à dire de lui, qu'il faut admettre tel qu'il est ou ne pas accepter du tout; quant à elle, si ce n'est pas le vice en personne, c'est l'au delà de toutes les stupidités!

Et, ma foi, des mois s'écoulèrent sans que

l'événement vint me fixer sur l'une ou l'autre de ces deux alternatives.

Car nous étions, Bernard et moi, restés excellents camarades.

Il était rare qu'une quinzaine se passât sans qu'il me fît l'amitié de monter une heure chez moi, fumer un chapelet de cigarettes en me contant les nouveautés, et moi-même, par ci par là, j'allais prendre avec lui l'absinthe dans un petit café d'habitués où je savais le rencontrer de cinq à sept, s'absorbant dans d'interminables parties de manille avec trois aimables nullités de sa connaissance.

J'étais tenu ainsi au courant de sa précieuse santé, toujours florissante et tout à la douce, Dieu merci! ainsi que de celle de madame.

Seulement, de ce côté, c'était moins brillant :

— Peuh! peuh! toujours la même chose : patraque, galette, mal fichue! Manque de sang, qu'est-ce que tu veux! Un tempérament de navet.

— C'est embêtant! il faut lui faire prendre du fer et de l'huile de foie de morue.

— Oui, je sais bien; c'est ce que tout le monde me dit. J'y songerai. Il retourne du trèfle, cinq pour nous!

Au fond, il n'était pas douteux que la pauvre santé de sa femme lui allât moins profondément au cœur qu'un simple manque d'atouts dans le jeu de son partenaire.

Un jour, enfin, j'appris que Margot, sur les conseils de plusieurs, se décidait à quiter Paris et à s'aller, quelques semaines, mettre au vert dans le midi de la France.

J'allai, à cette occasion, lui porter mes souhaits de bon voyage et de prompt rétablissement : souhaits qu'elle accueillit et dont elle me remercia avec cette indifférence froide et polie qu'elle manifestait pour toutes choses.

Elle était toujours la même, ni plus maigre ni plus palotte, ayant gardé son charme étrange, inquiétant sans qu'on sût pourquoi, de femme jolie avec tout ce qu'il faut pour être laide; et ma foi, plus je la regardais, plus je laissais courir sur le mien la dureté de cet œil bleu sans regard où s'éveillaient sournoisement, par instants, des miroitements aveuglants et inattendus de lame d'acier au soleil, moins je me faisais à l'idée que j'avais devant moi une anémique vulgaire.

Non, vraiment non, point cela du tout; vous dire quoi, je n'en sais rien, mais plutôt quelque chose comme une plante souffrante piquée au plus secret d'elle-même, une fleur chétive que mine et dévore sourdement le lent travail d'un mal caché.

Elle partit, resta près de trois mois absente, puis, un beau matin, reparut, transfigurée, fraîche comme une rose, engraissée à ne pas la reconnaître.

Bernard Aubry exultait :

— Le Midi, mon cher, le Midi! Quand je te dis qu'il n'y a que cela !

Ce ne fut là, au surplus, qu'une simple apparition, car presque aussitôt elle se remit en route, pour revenir six semaines plus tard et repartir encore une fois, l'air de Paris ne lui valant décidément rien, lui nettoyant en quelques jours les belles couleurs de santé prises au grand et rude soleil de la province.

Et dès lors, ce fut chose convenue : le ménage à la navette, madame disparaissant de la circulation pendant des deux et trois mois d'affilée et se faisant paisiblement des joues, tandis que monsieur usait de la situation pour prolonger jusqu'à complet épuisement les quotidiennes parties de manille, sans pour cela se buter, en rentrant, à un laconisme glacial gros de reproche, trouver devant lui, sur la table, sa soupe refroidie et figée dans l'assiette, son vin versé à l'avance et déjà échauffé dans le verre.

Et tout à coup, retour inattendu de madame, ayant tout de suite avec elle, dans une valise à la main, deux chemises, quatre paires de bas, et autant de mouchoirs de poche, l'indispensable, juste ce qu'il faut pour une villégiature de quelques heures. Là-dessus, air connu, bonheur de se revoir, embrassades de part et d'autre !

— Bonjour, mon chou ! Tu vas bien ? Tu ne

t'es pas trop ennuyé? La tante Nathalie t'embrasse et tout le monde te dit bien des choses. Je repars mercredi, tu sais.

Lui, trouvait cela tout naturel :

— Ah bon, très bien, quand tu voudras.

Il était né pour faire un mari, comme moi pour faire un gendarme, et pourvu que sa femme, dont la vie de province avait agi en même temps sur l'estomac et sur le caractère, lui fît risette et bon visage durant ses courtes apparitions, il se tenait pour satisfait.

Il me disait :

— A bien compter, je ne dois pas avoir ma femme plus d'une trentaine de jours par an, mais à chacun sa façon de voir; moi, j'aime mieux un bon mois qu'une mauvaise année; qu'en penses-tu?

Je pensais que c'était là un raisonnement de cocu ou d'homme destiné à le devenir, mais comme, après tout, je m'en fichais, je me hâtais de conserver pour moi cette appréciation gratuite.

II

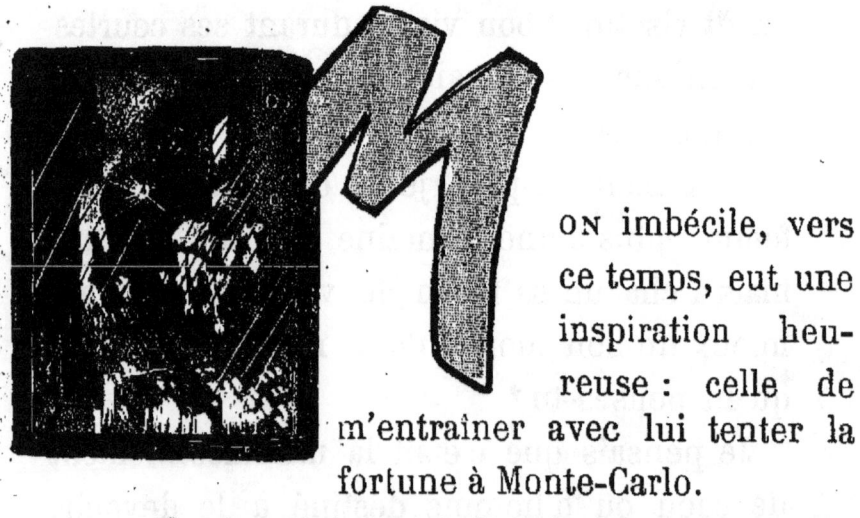

Mon imbécile, vers ce temps, eut une inspiration heureuse : celle de m'entraîner avec lui tenter la fortune à Monte-Carlo.

Il prétendait sentir la veine à en attraper la migraine. Comme un serin, je me laissai convaincre et nous partîmes en garçons.

Le premier jour, pontant de pair, nous perdîmes chacun cinquante francs, le deuxième, nous en regagnâmes soixante-quinze ; malheureusement, le lendemain, nous dansâmes de deux cents louis sur la plus belle série à la noire qui se fût vue depuis l'ouverture de la saison ; après quoi, rincés comme des verres à bière, nous dûmes retourner nos poches et faire nos comptes.

Il nous restait net trois cents francs : juste le prix de nos retours, plus un appoint de quelques sous, que Bernard, naturellement, proposa aussitôt de risquer sur un dernier tour de roulette.

C'eût été d'autant plus sensé que le gaillard flairait le retour de la chance, sentait la série à la rouge, comme s'il l'eût eue sous le nez.

Il n'en est pas moins vrai qu'au premier mot de pontage, je sautai sur les fonds communs, me décrétai d'office caissier de l'association, assurai mon compagnon de route de subvenir à ses besoins, repas, coucher, frais de tabac, vermouth et autres, mais lui déclarai que, sorti de là, il ne m'arracherait un sou qu'avec la vie.

Il n'insista pas autrement et se borna à demander :

— Alors quoi ? Nous n'allons pas rentrer chez nous avec chacun trente francs en poche ! Pourvu que nous ayons gardé, à l'arrivée, les trois francs d'une voiture à l'heure, c'est tout ce qu'il faut.

J'offris alors de nous payer, à titre de fiche consolatrice, une promenade de deux ou trois jours dans Arles, et cette proposition n'ayant soulevé aucune objection de sa part, nous nous mîmes en route le soir même.

Nous arrivâmes à la nuit, vers onze heures, par une de ces pluies torrentielles qui vident à la fois les rues et les remplissent, une de ces pluies dont la province a le privilège, et qui vous inondent, jusqu'à l'âme, de leur noire et inconsolable tristesse.

Tout seuls, projetés d'un flanc sur l'autre à chaque nouveau cahot du petit omnibus qui nous conduisait à l'hôtel et dans lequel, pressés de nous mettre à l'abri, nous nous étions jetés tête basse, nous traversâmes une bonne partie de la ville sans en soupçonner quoi que ce soit.

Une lanterne fixée à l'avant et dont la flamme venait s'écraser en tache d'huile sur les vitres tambourinantes et ruisselantes de la pitoyable guimbarde, en illuminait l'intérieur d'un jour louche de chapelle funèbre, dissimulant sa navrante pauvreté, l'usure d'une absurde peau de panthère lentement aplatie et tannée sous le frottement ininterrompu des fonds de culottes, tandis qu'une croupe blanche, au dehors, sautillait en pleine lumière : pauvres fesses de rosse vieillie, aux poils collés en pinceaux, cheminant péniblement entre la double haie de boue élevée de droite et de gauche, en gerbe de feu d'artifice, sous le coup de sabot de la bête.

Je me sentais devenir triste, brusquement ramené de vingt ans en arrière, au temps où, pauvre potache, je regagnais le collège, les soirs de rentrée, par des rues et des temps semblables, et il ne fallut rien moins, pour me rendre ma bonne humeur, que l'aspect toujours réjouissant d'un grand et confortable lit, de ces lits qui poussent au sommeil comme poussent à l'appétit les tables dressées avec art.

Je m'y engouffrai précipitamment, et, suivant une vieille habitude, confiai à une dernière pipe le soin de me préparer à d'agréables songes.

Bernard, logé deux étages plus haut et que le plaisir du voyage éveillait avec les coqs, me devait venir, de bon matin, secouer par les pieds et tirer hors du lit.

Or, j'avais dû dormir deux heures, quand la persistance d'un bruit, qui, depuis quelque temps déjà, jouait un rôle confus dans mon rêve, me força à rouvrir les yeux.

Je me soulevai sur la paume des mains, et, l'oreille tendue, j'écoutai.

De l'autre côte de la cloison s'élevaient d'étranges petits rires, des rires saccadés, retenus, comme craintifs, de femme tout doucement baisée, et qu'anime d'un frisson léger la promenade d'une caresse lente et continue.

Cela dura une minute environ, après

quoi un appel sonore des lèvres, un « pff » goulu et prolongé de baiser tombé en pleine chair et auquel succéda un silence subit, m'annonça que le rideau venait de choir sur cette rapide et piquante comédie de mœurs.

Il n'y avait point d'erreur possible.

Je me dis :

— Ils vont bien, par là !

Et, fixé sur ce que je désirais savoir, je retombai dans mon oreiller.

Au fond, j'avais mal digéré la perte de mes deux mille francs, et tandis que, les paupières closes, je m'efforçais de rattraper mon sommeil, les incidents de la matinée venaient, les uns après les autres, se regrouper et danser dans ma tête avec cette vague indécision de figures fantasmagoriques non au point, qui est l'avant garde du rêve.

Je n'avais pas encore, et je m'en rendais compte, entièrement perdu connaissance, et déjà, cependant, je n'étais plus au lit, j'étais quelque part, je ne sais où, devant une large tache verte, au centre de laquelle tournait éperduement une sorte de chose creuse et ronde que je distinguais sans netteté, en même temps qu'un brouhaha de voix indistinct chantait la messe à mes oreilles.

Mais peu à peu, comme transparaît un fond de ciel, à mesure que se dissout et s'évapore la brouillasserie d'une brume de beau temps qui se lève, la vision se précisa, s'immobilisa en lignes nettes et tranchées. La tache verte devant la longue table ovale du salon de jeu de Monte-Carlo, la chose ronde et creuse du milieu, sa roulette, et je compris que le brouhaha de voix montait d'un vaste fourmillement de vêtements noirs et de faces blêmes, étendu, dans l'incohérence du rêve, jusqu'en des horizons qui n'en finissaient plus.

Et presque aussitôt une voix s'éleva, qui domina toutes les autres :

— Faites le jeu, messieurs.

— Rien ne va plus.

— Vingt et un ! rouge, impair et passe !

— La rouge a passé trente-cinq fois; vous gagnez quinze millions, monsieur.

— Je les laisse.

— Faites le jeu, messieurs.

— Rien ne va plus.

— Quatorze ! rouge, pair et manque !

— La rouge a passé trente-six fois; monsieur, vous gagnez trente millions.

— Je laisse les trente millions !

— Faites le jeu, messieurs.

— Rien ne va plus.

— Dix-neuf, rouge, impair et passe ! La rouge a passé trente-sept fois, vous gagnez soixante millions !

Je gagnais soixante millions !

Je m'écriai :

— Mes soixante millions ! qu'on me passe mes soixante millions !

Et je vis les soixante millions qui venaient à moi, poussés doucement devant le rateau du croupier, au milieu de clameurs immenses, saluant ce saut sans précédent de la banque de Monte-Carlo !

Mais comme j'avançais la main pour me saisir de mon trésor, voici que l'assemblée tout entière, sans que je pusse comprendre

pourquoi, éclata d'un rire formidable, aigu comme une plainte de chien dont une charrette a passé sur la patte.

Je regardai, et, si loin que je distinguasse, je ne vis plus que des bouches allongées jusqu'aux oreilles, des têtes ballottées d'une épaule sur l'autre, dans l'excès d'une hilarité tournée à la convulsion.

Tous ces gens se pâmaient, sans force, contorsionnés, maintenant leurs ventres de leurs mains, se pleurant, les uns sur les autres, des larmes grosses comme des œufs.

J'étais stupéfait.

Je demandai :

— Qu'est-ce que vous avez à rire comme cela ?

Mais là-dessus les éclats redoublèrent; des torses, brusquement brisés, vinrent se refermer sur des cuisses, comme des lames de ciseaux, et le croupier, agitant l'air de son rateau, cria, d'une voix coupée de gloussements suffoqués :

— Est-il bête, mon Dieu, est-il bête !

Je répliquai :

— C'est vous qui l'êtes. Est-ce qu'on rit à propos de rien ?

Je sentais la colère me prendre, la volonté de dominer et de faire taire cette crise démente d'hilarité dont le mystère m'exaspérait.

J'ouvris la bouche, mais plus rien ne vint, un mot, une syllabe, quoi que ce fût; c'était la brusque et complète aphonie ! ma langue collée à mes dents ! la phrase cramponnée en ma gorge comme une barbe d'épi de seigle, quelque tentative que je fisse pour l'en arracher, la vomir, la cracher lambeaux par lambeaux !

J'étranglais ; mes yeux injectés me sortaient lentement de la tête. Et toujours ces rires, ces mêmes rires, surnaturels, extraordinaires, fantastiques, coupés du

— « Ah ! mon Dieu ! Ah ! mon Dieu ! »

des gens qui ne reprennent haleine que pour repartir de plus belle.

L'énergie d'un effort suprême amena au bord de mes lèvres :

— Taisez-vous, ou je casse tout.

Mais ce fut un souffle d'insecte, à peine sensible pour moi-même.

Alors, désespéré, je saisis de mes doigts le rebord de la lourde table, et je la secouai frénétiquement, de toutes mes forces.

— Est-il bête, criait le croupier, est-il bête !

On se tordait. Des gens, dont un délire de joie avait rompu bras et jambes, gisaient, tombés au hasard, sur des chaises, pareils à des pantins brisés, jetés là après le spectacle, d'autres, comme des ballons gonflés à l'excès, éclataient et volaient en miettes sous la poussée d'un dernier fou rire, et, à la rage qui m'aveuglait, je sentais se mêler les affres d'une indicible terreur.

Mais brusquement tout s'éteignit; je me trouvai à quatre pattes sur mes couvertures rejetées, dépoitraillé, suant à grosses gouttes, l'œil écarquillé dans la nuit.

— Ah là là! En voilà un sale cauchemar!

Pourtant, dans la chambre voisine, l'odieux fou rire continuait, et un moment je demeurai hagard, à me demander si, oui ou non, je dormais encore. Enfin je compris : la comédie de tout à l'heure était en plusieurs parties, et le rideau, tombé sur le prologue, s'était, tandis que je dormais, relevé sur le premier acte!

Il n'est pas rare qu'un sentiment éprouvé au cours du rêve subsiste un certain temps encore après le réveil.

Subitement tombée dans l'hébêtement du sursaut, toute ma colère se ralluma :

— Ah çà, est-ce qu'ils s'imaginent que je

m'en vais passer la nuit à les écouter faire l'amour?

J'avais sauté hors de mon lit et, nu-pieds, je traversai la chambre, déterminé à leur aller battre sur le mur un énergique rappel à l'ordre, quand la femme, entre deux hoquets d'épuisement, prononça :

— Est-il bête, mon Dieu, est-il bête !... Ne me chatouille donc pas comme ça... tu me fais du mal, à la fin !

Et je restai cloué au sol, un bras en l'air, dans la certitude où j'étais d'avoir déjà — où? je l'ignorais, — entendu quelque part cette voix.

Tout s'était tu.

Dans le calme profond de la nuit, plus aucun bruit ne m'arrivait.

J'enflammai une allumette, désirant me rendre un compte exact de la disposition du lieu, et je vis qu'une haute porte à deux battants, munie de mon côté d'un verrou non tiré, faisait communiquer ma chambre avec celle de mes voisins.

Je m'en approchai tout doucement, saisis le bouton de la serrure et collai l'oreille au panneau.

La femme, exténuée, soufflait; un souffle fort, rapide, de cavale qu'on a poussée, et qui parvenait jusqu'à moi en sifflements précipités. Puis une conversation s'engagea à voix basse, conversation dont m'échappaient les termes, bien que j'en perçusse aisément le ton d'amicale querelle.

Je murmurai impatienté :

— Sapristi, parlez donc plus haut, on n'entend rien!

Une curiosité irrésistible s'était emparée de mon esprit.

Non, vous pensez, la curiosité bête et sale de connaître ce qui se passait et se disait dans cette pièce, mais enfin l'agacement inquiet de l'homme que hante une idée fixe, le besoin de placer un nom sur une figure rencontrée, de rattacher à un titre qui ne vient pas l'obsession d'un motif de valse!

D'ailleurs, à deux ou trois paroles distinctement articulées et échappées au bredouillement de l'entretien, toute supposition d'équivoque avait achevé de se dissiper : la femme qui venait de les prononcer m'était indubitablement connue et toute la question se limitait au problème :

Où ? quand ? En quelles circonstances ?

problème dont j'eusse cher payé la solution, car vous savez combien ces lacunes de l'esprit grandissent, amplifient, exagèrent, l'importance — nulle neuf fois sur dix — du point sur lequel elles portent.

Cependant, je devais faire bientôt une découverte considérable, pressés, sans doute, d'en venir à leurs fins, mes amoureux avaient négligé de s'enfermer, en sorte que, le bouton de la serrure ayant joué entre mes doigts, le pêne sauta hors de sa gâche, et la porte s'entrebâilla ; oh ! à peine ! un rien, une idée ! tout juste assez pour qu'un mince fil de lumière tombât du plafond au plancher.

C'était peu, mais non point tellement que le démon des tentations malsaines n'y pût encore trouver son compte.

Tout de suite, le mot me vint aux lèvres :

— Nom d'un chien! j'ai envie de jeter un coup d'œil!

Mes doigts énervés, fouillant l'ombre, rencontrèrent le dossier d'une chaise.

Je la soulevai, l'amenai sans bruit entre mes jambes et m'y laissai tomber à califourchon.

Le cœur me battait à grands coups; la crainte que le moindre frôlement, quelque attention que j'y misse, ne vînt à trahir ma présence et à me faire pincer sur le fait, m'agitait le pouls d'une grose émotion de gamin qui vole vingt sous à sa mère.

Notez que je ne voyais rien!

Littéralement écrasé dans l'imperceptible ouverture, mon regard filtrait à peine, distinguait, agrandie et trouble, la pomme sculptée d'une tête de lit, la tache écarlate d'une culotte d'officier jetée en travers d'un fauteuil, et le cadre doré d'une glace.

Je pensais :

— Une glace! Si seulement je pouvais arriver jusque-là!

Mais les déplorables conditions dans lesquelles je me trouvais hérissaieut de difficultés la réalisation de ce plan ingénieux.

Ma chaise, placée beaucoup trop loin, et que je n'osais rapprocher, dans un légitime surcroît de précaution, se balançait sur deux pieds, sous mes cuisses, ce pendant que moi-même, roidissant les orteils, je m'efforçais de protéger son équilibre.

En même temps, cramponné des doigts aux moulures en saillie de la porte, je devais déployer des prodiges d'adresse pour arriver à la maintenir dans cette situation spéciale et inconnue de faiseurs de proverbes, où une porte n'est plus ni ouverte ni fermée.

Vous voyez comme c'était facile.

Il y avait au bout de tout cela une catastrophe inévitable, et en effet elle arriva.

La femme, qui depuis un instant se taisait, sortit brusquement de son silence; d'une voix claire elle lança cette exclamation :

— Bise ta Margot, mon chéri !

Et ce mot qui m'ouvrait tout à coup les

horizons les plus inattendus me coupa l'équilibre comme avec un sabre.

Mon pied glissa, la chaise, privée de son point d'appui, bascula, s'abattit lourdement

sur la porte dont les deux battants s'écartèrent, et la tête la première, les mains étendues, je fis une entrée triomphale sur le ventre, dans ce sanctuaire de l'adultère.

III

E qui put se passer ensuite, je n'en sais rien.

J'ai souvenir, en tout et pour tout, qu'une clarté subite m'aveugla et qu'à travers cette clarté, dans le temps qu'il faut à un homme pour parcourir en toute vitesse un angle de quarante-cinq degrés, je distinguai deux torses nus gesticulant parmi le désordre d'un lit littéralement mis au pillage.

Puis, je crois que je nous relevai tous deux, moi et ma chaise, et que je me retirai précipitamment en balbutiant de vagues et grotesques excuses, mais je n'en suis pas autrement sûr, et je me retrouvai dans ma chambre sans beaucoup plus savoir comment j'y étais rentré que comment j'en étais sorti.

Toutefois, avec une présence d'esprit que je constate sans me l'expliquer, j'avais pensé à tirer mon verrou, et bien devait m'en prendre, d'ailleurs, car presque immédiatement une grêle de coups de poing se vint abattre sur la porte.

Une voix, — une voix d'homme, cette fois, il n'y avait pas à s'y méprendre, fichtre, non! — cria :

— Qui êtes-vous? qui êtes-vous?

Je me tus, pris d'un tel besoin de me faire tout petit, que je n'en remuai plus une phalange.

L'homme reprit :

— Je vous demande qui vous êtes et ce que vous faisiez derrière cette porte! Voulez-vous répondre, oui ou non? Entendez-vous ce que je vous dis?

Et comme je continuais de me taire,—naturellement! que diable eussé-je pu lui dire, je vous le demande? — :

— Ah vous faites le sourd à présent! Vous n'avez plus l'oreille aussi fine, il paraît? Hé bien moi, je vais vous le dire, qui vous êtes : vous êtes un polisson et un saligaud; un saligaud, vous entendez! et je vais vous flanquer une leçon de discrétion dont vous garderez la mémoire, ah nom de Dieu!

Margot avait éclaté en sanglots.

Il lui cria :

— Ne pleure pas, mon petit lapin; je m'en vais lui secouer les puces, à ce drôle-là! Laisse-moi faire.

Je pensais :

— Ça, nous n'y sommes pas!

n'ayant donné qu'un seul coup de poing en ma vie, mais en ayant net tué un homme, et étant bien déterminé à repousser toute invasion sur mes domaines.

Ce n'eût été là, à vrai dire, qu'un rendu

pour un prêté ; mais s'il fallait permettre aux autres tout ce que l'on se permet à soi-même, l'existence ne serait plus tenable.

Je ne vous cacherai pas, d'ailleurs, que je me trouvai dans un état assez voisin de l'abrutissement. La soudaineté de ma culbute, l'idée d'un pugilat en chemise avec un inconnu rageur dont je n'avais pas plus distingué le visage qu'il n'avait eu le temps de distinguer le mien ; la perspective d'un scandale nocturne, révolutionnant toute une maisonnée et allant arracher, inévitablement, à son bienheureux sommeil de Sganarelle, ce mari que je savais ronfler en toute paix sur la tête même des coupables ; tout cela se battait confusément dans mon cerveau congestionné, me tenait courbé sous l'injure, avec une soumission stupide de chat pris en faute et qu'on fouette.

Un moment, la pensée me traversa l'esprit, de tirer brusquement le verrou, de me précipiter sur mon homme avant qu'il eût prévu l'attaque et de lui lâcher en pleine figure :

— Eh taisez-vous donc, imbécile ! vous allez réveiller le mari !

Mais ce braillard achevait de m'ahurir.

Il avait, de son côté, empoigné le bouton de la serrure, et il l'ébranlait à deux mains, le repoussant, puis, violemment, le ramenant à lui, d'une secousse.

La porte battait, mais tenait bon, et cette résistance imprévue le jetait dans un paroxysme de rage, de rage impuissante et stérile, qu'exaspérait de plus en plus mon mutisme systématique. Il s'exténuait, soufflait comme un véritable phoque.

— Je la crèverai, nom de Dieu, je la crèverai !

Mais nous n'étions disposés, il faut croire, à ne nous laisser crever ni les uns ni les autres, et successivement une demi-douzaine de coups de pied étant venu frapper sans effet le point de jonction des deux battants :

— Mais, foutre, ouvrez donc! hurla-t-il. Vous êtes donc le dernier des couards comme vous êtes le dernier des mufles, le dernier des salopiaux et la dernière des canailles!

Ce que j'avais redouté arrivait : toute la maison s'éveillait; sur le carré, des portes s'ouvraient une à une, des gens s'interrogeaient entre eux, tandis que des hauteurs sonores de l'escalier, une voix lançait par dessus la rampe :

— Est-ce que ça ne va pas finir, cette vie là? On ne peut pas dormir, ici.

Alors, Margot, toujours sanglotante, gémit :

— Je t'en supplie, Frédéric, je t'en supplie! Oh! mon Dieu, mon dieu! quel scandale! Non, Frédéric, laisse-le, c'est assez, je ne veux plus.

Mais comme de juste, ce fut contre elle qu'il se retourna.

Il l'envoya coucher dans les grandes largeurs :

— Tu m'embêtes, toi, fous-moi la paix! Et puis d'abord, quoi? qu'est-ce que c'est? Il y a des messieurs qui ne sont pas contents? Ils n'ont qu'à venir me le dire. D'ailleurs, c'est bien simple, tu vas voir!

Il en était venu à ce point de la rage où l'exutoire est obligé : être ou chose, quel soit-il.

— Frédéric! supplia Margot ; Frédéric!

Frédéric n'écoutait plus, se refusait à rien savoir.

Je l'entendis sortir sur son seuil, puis demander :

— Eh bien, quoi? Est-ce que ça vous regarde? qu'est-ce que vous fichez-là, tas de gourdes? Allez donc vous recoucher et plus vite que ça! Je vous demande un peu de quoi ils se ces mêlent daims-là!

Ainsi prises par le sentiment, il me parut que les « gourdes » susdites n'insistaient pas plus que de raison : de même qu'elles s'étaient ouvertes, toutes les portes, l'une après l'autre, se refermèrent, et Frédéric rentra, un peu calmé, ayant rejeté le trop plein de sa bile.

Il me cria :

— Quant à vous, espèce de goujat imbécile, vous avez beau faire le mort; vous n'y couperez pas demain matin; nous règlerons ce compte-là, soyez tranquille.

Et, sur ce mot, l'incident fut clôturé.

Pendant un bon quart d'heure encore, la conversation continua de l'autre côté de la cloison; des phrases qui ne m'arrivaient qu'à demi, déchiquetées, amputées de leurs queues ou de leurs têtes :

— Tu vu !... pèce de salaud-là !... gre de muffle, sale cochon !... flanquerai mon pied au derrière demain, une belle affaire !... t'un peu raide, ça, par exemple !

Enfin, la ligne de lumière que je voyais filtrer sous la porte s'éteignit, et tout retomba dans le silence; sur quoi, m'étant vêtu sans bruit, je pris mes bottes par les tirants et montai réveiller Aubry, qui vint m'ouvrir en bannière.

Je lui dis :

— Nous fichons le camp, habille-toi.

Il n'y était pas du tout, brutalement arraché au plus fort de son somme.

Il demeura un instant sans parler, puis il demanda :

— C'est toi, Georges ?

— Mais oui, dis-je, tu le vois bien. Allons, mon vieux; oust, lève-toi; il faut que nous soyons dehors dans dix minutes.

J'avais allumé une bougie.

Je ramassai et lui tendis ses chaussettes, qu'il prit sans paraître comprendre ce qu'il faisait, puis je lui avançai une chaise.

Il s'y assit, et, machinalement, se mit à se frotter les genoux, regardant le mur, devant lui, d'un œil gonflé et stupide, qui ne voyait rien.

— Eh bien, voyons, tu ne m'entends-pas? dépêche-toi.

Il se décida, passa lentement ses chaussettes et étendit le bras sans rien dire.

— Qu'est-ce que tu veux?

— Mon... mon... machin.

— Quel machin?

— Mon... chose, tu sais bien!.. je dors, nom de Dieu!.. Mon pantalon!

Une fois culotté, il se leva, vint à sa cuvette qu'il emplit et se débarbouilla en silence.

J'attendais, assis sur le lit, feuilletant un indicateur de chemins de fer.

Je murmurai :

— Bon, ça va bien; il y a un train à trois heures sept.

Il se retourna :

— Tu dis?

— Je dis que nous avons un train dans trois quarts d'heure.

Il répéta :

— Dans trois quarts d'heure....

ajouta même :

— Tant mieux!

sans savoir pourquoi, et seulement alors, brusquement, songea à me demander ce qui se passait.

— Oh, répondis-je, je te conterai cela dans le train. J'ai eu avec un voisin de chambre une affaire bête comme une oie et qu'il serait trop long de t'expliquer, voilà tout.

— Ah! fit-il, très indifférent.

Le pauvre diable dormait debout, tenait à peine sur ses jambes.

L'œil en dedans, battant des paupières devant la flamme de la bougie, il cherchait d'une main incertaine son faux-col qu'il avait sous le nez.

D'une voix empâtée de sommeil, il proposa cependant :

— Si c'est un type qui t'embête... on pourrait lui casser la gueule.

— Eh! m'écriai-je, ne t'occupes donc pas de cela! S'il m'eût plu de casser la figure à ce monsieur, je la lui eusse cassée sans toi et il y a beau temps que ce serait fait. Achève de t'habiller et viens, c'est tout ce que je te demande.

Je dus lui nouer sa cravate et lui tendre les manches de son pardessus. De même, sa toilette achevée, je me chargeai de sa valise, et, ainsi flanqué de deux sacs, comme un simple âne de moulin :

— Nous y sommes ? Eh bien, en route !

J'ouvris la marche.

Bernard, son bougeoir à la main, descendait sur mes talons.

Je lui soufflai :

— Surtout, tiens-toi bien à la rampe.

J'avais un trac de tous les diables que, le pied venant à lui manquer, il ne s'écroulât bruyamment et ne jetât, pour la seconde fois de la nuit, le bouleversement dans l'hôtel; mais grâce à Dieu il n'en fut rien, et la descente s'accomplit sans accroc.

Ensuite, ce fut le tour du garçon, avec lequel je dus presque me battre pour arriver à me faire comprendre, donner mon compte, tirer le cordon et indiquer le chemin de la gare que nous atteignîmes enfin, après vingt-cinq minutes de marche sous la pluie, juste à temps pour sauter dans le train au passage.

Le moment de l'exécution était venu.

L'époux de Margot, que la course et la douche avaient tout de même réveillé, se calla les mains sur les cuisses et demanda :

— Avec tout ça, j'en suis toujours au même point, moi. C'est insensé, une histoire pareille ! Tu t'es disputé ? battu ? quoi ?

Je songeai d'abord à lui lâcher aux jambes le premier conte à dormir debout qui me fût passé par la cervelle, mais les multiples émotions de cette nuit accidentée, ayant pas mal rogné les ailes à ma faculté d'improvisation, j'empoignai tout bêtement le taureau par les cornes et narrai l'aventure telle qu'elle s'était passée, au nom près, naturellement.

Bernard, non moins naturellement, trouva l'histoire excellente et s'en égaya très fort à mes dépens, fâché seulement de n'en point connaître l'héroïne, dont il me soupçonnait sourdement, disait-il, de vouloir lui taire le nom pour faire de la cachotterie.

Je dus lui jurer sur l'honneur qu'elle n'était pas la femme d'un camarade commun, et même me ficher en colère pour parvenir à l'en convaincre.

IV

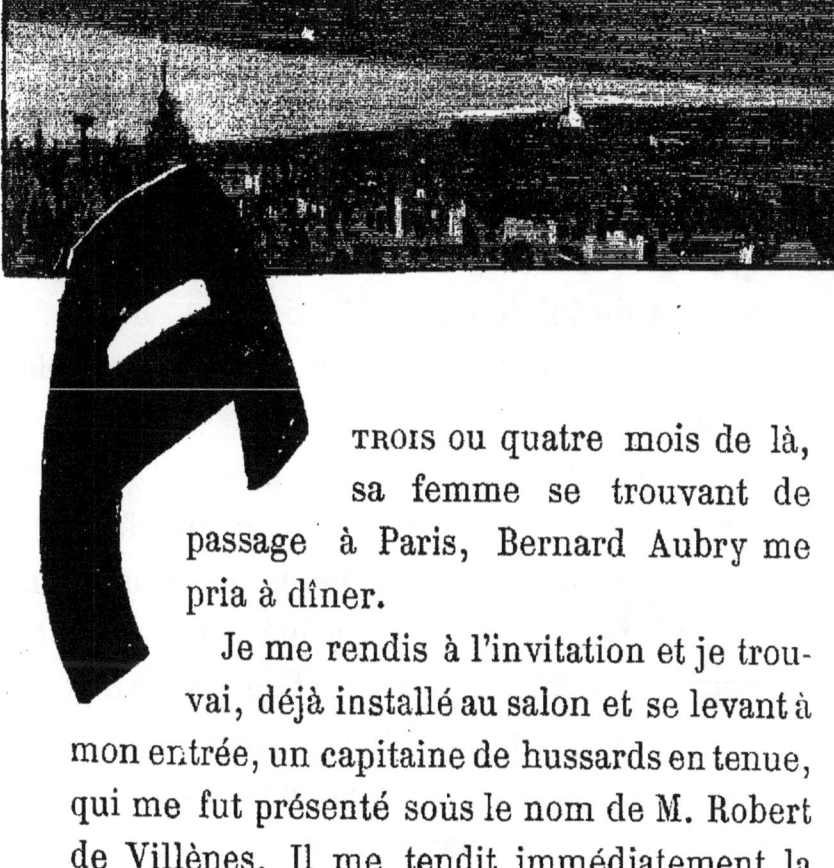

A TROIS ou quatre mois de là, sa femme se trouvant de passage à Paris, Bernard Aubry me pria à dîner.

Je me rendis à l'invitation et je trouvai, déjà installé au salon et se levant à mon entrée, un capitaine de hussards en tenue, qui me fut présenté sous le nom de M. Robert de Villènes. Il me tendit immédiatement la main avec une aisance gracieuse, sentant d'une lieue l'homme aimable et le gentilhomme accompli.

La tête et les manières me revenaient assez, mais cette diable de culotte rouge, en éveillant dans mon esprit je ne sais quel lointain souvenir, de pantalon, également rouge, entrevu sur un bras de fauteuil par un entrebâillement de porte, me taquinait *in petto*.

Je saisis donc à la volée une occasion qui se présenta d'emmener Bernard dans un coin et de lui demander à mi-voix :

— Qui est ce monsieur et depuis quand le connais-tu ?

— D'aujourd'hui même, dit-il. C'est un officier que ma femme voit quelquefois en province, chez sa tante. Venu en permission de huit jours à Paris, il a été assez aimable pour venir saluer Margot, et je n'ai cru pouvoir mieux faire que de le garder à dîner. Il est charmant ce garçon-là, n'est-ce pas ?

— Tout à fait charmant, répondis-je.

J'étais fixé ou à peu près.

Le dîner fut cordial et gai.

M. de Villènes s'y montra à la fois homme du monde et homme d'esprit, excellant dans l'art difficile de tenir le crachoir tout ensemble avec brio et discrétion.

Il fit des mots, conta de plaisantes anecdotes, parut se divertir vivement aux facéties toujours lourdes et souvent salées de notre hôte, tout en évitant, cependant, d'y riposter sur le même ton, ce dont je lui sus le meilleur gré et concluai tout à l'honneur de son esprit, ainsi que de son savoir-vivre.

En sa qualité d'invité, il faisait à Margot une cour délicate, correcte et de bonne compagnie, mêlée de cette pointe d'imperceptible impertinence qu'apportent toujours en ces sortes de choses les hommes dits à bonnes fortunes.

Même à un brusque et silencieux mouvement que je vis s'opérer sous la table en me penchant pour ramasser ma serviette, je compris qu'il avait poussé la galanterie jusqu'à lui saisir une jambe entre ses genoux, mais ce n'était là qu'un détail. Au résumé un vrai charmeur, exquis en son rôle de coq dont on ne trouble pas les expansions intimes par de brutales et ridicules irruptions, et que j'eusse, ma foi, jugé irréprochable, sans ce besoin d'apporter son linge sale pour le laver tranquillement, sous le toit hospitalier du mari.

. . . .

— Et à propos, mon capitaine, demanda brusquement celui-ci, où êtes-vous en garnison ?

— A Arles, dit M. de Villènes.

Je pensai en moi-même :

— Ça y est !

Mais Bernard, lui, poussa une exclamation.

— Vous connaissez ? fit l'officier surpris.

L'autre reprit :

— Mon Dieu, je connais sans connaître !

Et, riant bêtement :

— Il faut vous dire que j'ai traversé cette ville dans de si étranges circonstances !...

— Bah ! s'écria M. de Villènes, lequel, flairant une histoire, ébauchait déjà son sourire d'homme systématiquement aimable.

Au mot d'étranges circonstances, le sang ne m'avait fait qu'un tour.

Un plat d'épinards au jus occupait le centre de la table : j'eus la vision d'un pied énorme s'y abattant jusqu'aux chevilles et y pataugeant à plaisir !

Je frappai d'un léger coup de botte le mollet de Bernard Aubry, qui se borna à retirer sa jambe et tranquillement continua :

— Ce brave Lahrier me fait des signes désespérés pour me décider à me taire, et, en somme, je comprends cela, l'histoire n'étant pas des plus flatteuses pour lui, mais vraiment elle vaut la peine d'être contée et ce serait dommage de la perdre.

— D'autant plus, ajouta gracieusement l'officier, que s'il s'agit de choses d'amour, monsieur y met de la fausse honte. Quel est l'homme auquel, en sa vie, les femmes n'ont pas fait jouer une fois un rôle plus ou moins absurde ?

— C'est évident! fit Bernard, le capitaine a raison ! Allons, mon vieux Georges, sans rancune ; nous sommes entre nous, sacristi !

Et là-dessus, sans même attendre un mot de réponse :

— Figurez-vous, continua-t-il, qu'au mois de septembre et d'octobre... — Quand était-ce au juste, Lahrier? — D'ailleurs, ça n'a pas d'importance ! Figurez-vous....

Je n'entendais plus rien, littéralement abêti; roulant mes pupilles dilatées, de Margot à M. de Villènes et de M. de Villènes à Margot.

Celle-ci était devenue toute blanche, suivait chaque geste du conteur avec une fixité hagarde, — terriblement inquiète, au fond, pas très sûre qu'elle n'était pas dupe d'une effroyable mystification et que quelque grave dénouement ne couronnerait pas tout à l'heure cette grotesque turlupinade.

L'amant, lui, pleinement édifié sur l'épaisse stupidité du personnage, ne bronchait pas, payait d'un toupet infernal, saluait même au passage, d'un léger hochement de tête ou d'un ricanement approbatif, les détails saillants du récit, ce pendant que Bernard Aubry, dans le ravissement de son âme, allait comme un cheval échappé, faisait le fin et le spirituel, relevait le piquant des faits de délicates et agréables broderies, s'étendait sur les points scabreux, que c'en était un vrai plaisir !

L'histoire n'obtint qu'un demi-succès, mais jeta un froid non douteux.

— Elle est bonne, dit le capitaine par pur acquit de politesse.

Aubry, légèrement étonné, ayant compté sur plus d'effet, insista :

— N'est-ce pas, elle est bonne ?

Puis, se tournant vers sa femme :

— Qu'est-ce que tu en dis, Margot ?

— Je dis, fit sèchement Margot, que je ne trouve l'histoire ni drôle ni convenable.

Lui, stupéfait, la regardait.

Mais brusquement :

— Sacré nom de Dieu, hurla-t-il, qu'est-ce

que tu viens nous chanter là ? Pas convenable ! pas convenable ! On n'a pas idée de ça, ma parole d'honneur ! Celle-là est raide, par exemple !

M. de Villènes, souriant, lui toucha le poignet, et il eut un

— Chut ! chut !

de conciliation.

— Eh non, mon cher, vous ne savez pas, continua Aubry furieux ; toujours la même histoire, parbleu, l'éternel esprit de contradiction, le besoin de m'embêter quant même ! Cré nom de Dieu, j'en ai assez. Je finirai par foutre le camp !

Il abattait d'énormes coups de poing sur la table, pris d'une colère bleue d'homme vexé qui ne supporte pas le poids de sa veste.

Et il en eut pour dix minutes, déclarant que son intérieur était devenu impossible, accusant la province de lui avoir changé sa femme, d'en avoir fait une prude, une bigote et une oie, et s'en prenant à tout le monde, à la tante Nathalie, aux jésuites, est-ce que je sais ?

A la fin, cependant, il se calma un peu, et Margot ayant fait apporter le dessert, on changea de conversation.

Vers minuit, nous prîmes congé, M. de Villènes et moi, et côte à côte, dans la rue, nous fîmes quelques pas sans rien dire.

Mais, comme nous avions atteint l'angle du boulevard et de la rue Laffitte, et que je me disposais à lui souhaiter le bonsoir, il prononça à brule-pourpoint :

— C'est égal, l'histoire est cocasse tout de même !

Je fis l'ingénu :

— Quelle histoire ?

— Eh ! la vôtre, mon cher monsieur ; vous savez bien ce que je veux dire.

Et, très nettement :

— Allons, fit-il, dites la vérité : vous l'avez reconnue, cette dame ?

— Ma foi, dis-je, je n'en sais rien, et c'est là une question que, vraisemblablement, nous ne nous sommes jamais posée, elle ni moi.

Pourquoi nous serions-nous reconnus? Nous y avons si peu d'intérêt l'un et l'autre !

Il réfléchit :

— C'est vrai, dit-il. — De quel côté allez-vous ?

— A Montmartre !

— Ah ! moi, à Montrouge.

— En ce cas, au plaisir de vous revoir.

— Monsieur, le plaisir sera pour moi. Enchanté d'avoir fait votre connaissance.

Il tira à hue, moi à dia, et nous rentrâmes chacun chez nous.

HENRIETTE A ÉTÉ INSULTÉE

Ce fut vers la fin de mars que j'insultai Henriette, exposa simplement le peintre Fabrice, qui coupa court à toute espèce de préambule. J'ai gardé le souvenir précis de cette date, parce que je me vois encore, le jour où l'événement arriva, brossant fiévreusement les bords de mon *Mécène*, avec deux mètres carrés de toile blanche devant moi et quarante-huit heures pour finir.

Cette Henriette était la femme d'un médecin qui m'avait, à force de soins, de dévouement et de talent, arraché à une mort probable, et dont je n'avais cru pouvoir mieux reconnaître les bons offices, qu'en le faisant éperdument cocu : petite canaillerie dont je me trouvai au mieux, et qui, en somme, n'eut d'autre effet que de resserrer plus étroitement les liens d'extrême amitié qui nous unissaient l'un à l'autre, lui et moi.

Comment le roman s'était formé, c'est bien ce qui vous importe le moins. Ç'avait été, dans toute sa banalité, l'éternelle histoire amoureuse à laquelle, plus ou moins de fois, nous avons tous été mêlés. La femme était charmante et jeune ; je mourais d'envie de l'avoir, elle ne voulait pas, je voulais ; un jour elle a bien voulu : voilà toute l'affaire en un mot.

Et une rude affaire, vous savez !

Mes enfants, un morceau de roi ! un vrai amour de petite femme, grosse comme le poing et grasse à point; des dents de louve, le nez retroussé d'une chiquenaude, les joues rebondies en feuilles de rose, et des yeux de jeune chat, ravissants, de ces yeux couleur de pervenche où la pupille se noie dans l'ombre de l'iris.

Notez qu'elle posait comme un ange ! comprenant le mouvement à donner mieux que n'importe quel modèle de profession et capable de garder la pose trois quarts d'heure sans désemparer : à cause de quoi elle m'était souvent très précieuse. Vous comprenez, n'est-ce pas, comme c'était chic pour moi d'avoir toujours un modèle de nu sous la main, et un modèle exceptionnel, je le répète, exceptionnel d'intelligence, de patience et de bonne volonté... sans parler des hanches et des cuisses, qui étaient pures comme l'antique.

15.

Nom d'un chien, quelle charmante maîtresse ! Je veux être pendu si je n'ai pas fait mon deuil de jamais retrouver sa pareille, le jour où son gêneur de mari imagina de décamper et de s'en aller planter la tente conjugale dans je ne sais quel trou de province !

Henriette avait un défaut, par exemple, oh ! mais, là, un sale défaut : une susceptibilité outrée, puérile, toujours en éveil — le point d'honneur ridiculement chatouilleux des femmes qui n'ont failli qu'une fois, et qui ont gardé dans la faute la foi en leur honnêteté.

Dieu sait si quelqu'un, plus que moi, croyait à l'honnêteté d'Henriette !

N'importe; il paraît que je passais ma vie à lui donner toutes les preuves du contraire, à l'abreuver d'humiliations, à la blesser au plus sensible de sa fierté, par de petites attaques sournoises, pleines de sous-entendus perfides et d'allusions malicieuses, si bien que, pour un mot, pour un geste, pour un rien, crac, mon Henriette changeait de couleur, pinçait les lèvres, ricanait, et commençait de mâchonner entre ses dents des tas de *mea culpa* ironiques et amers.

C'était tellement imbécile que je ne prenais même pas la peine de me justifier, je haussais les épaules et j'attendais que ça passe.

II

Un jour que nous étions tout seuls à l'atelier, moi terminant ma grande machine du Salon avec l'inquiétude énervée de l'homme qui compte les minutes, elle, travaillant derrière moi à je ne sais quel ouvrage de femme, il arriva qu'elle me posa une question à laquelle je fis une réponse.

Qu'entendit-elle, que comprit-elle, je n'en sais rien, mais toujours est-il qu'elle se leva, et de cet air de grande dame outragée qu'elle affectait dans les circonstances solennelles :

— Très bien, dit-elle, tu m'insultes, maintenant.

C'était là un genre de surprise auquel j'étais habitué.

J'avoue cependant que, cette fois, je me sentis monter au front une sueur d'ahurissement.

Je me retournai sur ma chaise, ma pipe dans une main, ma palette dans l'autre.

Henriette, debout, blanche comme un linge, enroulait précipitamment entre ses doigts une longue bande d'un tricotage bleu, dont on voyait dépasser à chaque bout la pointe effilée d'une aiguille de buis.

Elle enfouit le tout dans sa poche, prit son chapeau et vint s'en coiffer devant la glace.

Alors seulement la parole me revint.

Je hurlai :

— Moi ?... Je t'ai insultée ?

Elle ne daigna pas me répondre, les dents serrées sur l'épingle de son chapeau.

Fiévreuse, rageuse, les bras en l'air, elle se noua derrière la nuque les bouts flottants de sa voilette, après quoi elle fit volte-face et se dirigea vers la porte.

Moi, je sautai sur la serrure que je fermai à double tour.

— C'est trop fort, par exemple ! Tu ne sortiras pas !

— Donne-moi la clef, dit Henriette.

Je dis :

— Non !

et je lui tournai le dos, mais Henriette, simplement, reprit :

— Je te dis de me donner la clef.

Je la regardai.

Dure, froide, hautaine, elle tendait sa

main gantée, dans la simple et calme assurance de son inexorable entêtement.

Je me sentis faiblir, j'hésitai, je tourmentai, au fond de ma poche, la clef, que je venais prudemment d'y enfouir, quand tout à coup, lasse d'attendre, Henriette courut à la fenêtre et l'ouvrit :

— Donne-moi la clef, ou je crie !

Je refoulai le flot de sang qui commençait à me monter aux yeux, et, avec une extrême douceur :

— Henriette, lui dis-je, au nom de ta mère, au nom de ton fils, au nom de ton Dieu, au nom de ce que tu as au monde de plus cher et de plus sacré, je te supplie de m'écouter cinq minutes, tu m'entends bien, cinq minutes ! pas une de plus, pas une de moins. Si, au bout de ce temps, je ne t'ai pas convaincue, hé bien, je te rendrai la clef, et tu feras ce que tu voudras.

Henriette trépigna d'agacement.

Elle eut un lent haussement d'épaules, leva les yeux au plafond comme pour en ppeler à lui de son angélique patience, et, finalement, se laissa tomber dans l'angle du canapé-sofa qui bordait le fond de l'atelier.

Là, elle se croisa les bras, se jeta une jambe par-dessus l'autre, et parut prête à m'écou-

ter. Je m'assis auprès d'elle et lui parlai comme suit :

— « En vérité, Henriette, il y a des moments où je me demande si tu es folle, ou si c'est moi qui n'y suis plus. A chaque instant, pour un oui, pour un non, te voilà partie, emballée, montée comme une soupe au lait ; tu comprends que ce n'est pas sérieux et qu'il faut que nous en finissions une fois pour toutes avec cette petite plaisanterie.

« Pour qui me prends-tu, à la fin, avec tes histoires d'insultes, et quel homme crois-tu donc que je sois ?

« T'insulter ? A propos de quoi ? et pourquoi faire ?

« Est-ce que j'ai l'ombre d'un reproche à t'adresser, moi ?

« Est-ce que tu m'as fait quelque chose, hormis te prodiguer à moi avec toute l'abnégation et tout le désintéressement dont tu es capable ?

« Mais c'est à crever de rire, ma parole d'honneur !

« Ma chère amie, pars donc bien de ce principe que je ne suis ni assez enfant pour m'aller amuser à de niaises taquineries, ni assez bête pour t'aller attaquer froidement au plus sensible d'une susceptibilité déjà ombrageuse par elle-même et que ta situation vis-à-vis de moi n'est naturellement pas faite pour amortir. J'ai au contraire la prétention de t'avoir, en tout et partout, traitée pour ce que tu es : c'est-à-dire pour une bonne et honnête petite femme, digne, non seulement de l'affection, mais aussi de l'estime profonde et des égards d'un honnête homme.

« Non, mais qu'est-ce que tu veux, c'est une monomanie; tu es poursuivie de l'idée que je te considère comme la dernière des filles, parce que tu as un amant, et que cet amant, c'est moi.

« Cette ridicule comédie, que tu nous fais jouer aujourd'hui, ce n'est pas une fois déjà que nous l'avons jouée, mais c'est dix fois! mais c'est vingt fois! mais c'est cent fois! Quelque chose que je fasse ou que je dise, tu l'interprètes, non seulement à faux, mais à mal; il semble que tu n'aies pas au monde un ennemi plus acharné et plus féroce que le pauvre diable auquel tu as bien voulu faire l'immense joie et l'immense

honneur de te donner : c'est désespérant, tu admettras !

« Voyons, Henriette, sois raisonnable ! Tâche d'ouvrir un peu les yeux, de voir les choses pour ce qu'elles sont, et de ne plus m'insulter moi-même, à tout bout de champ, par des accusations telles, que si elles étaient justifiées au centième, elles suffiraient déjà à faire de moi un imbécile ou un méchant homme. »

Henriette n'avait point bougé.

Elle demeura impassible, l'œil fixé sur une fêlure du plafond, dans l'attitude parfaitement désintéressée d'une personne qui se trouve mêlée à la conversation de deux tiers et qui affecte de s'en tenir à l'écart.

Je repris :

— Je viens de m'adresser à la femme de cœur, je vais maintenant parler à la femme d'esprit ; j'espère que je serai plus heureux.

« Ma chère Henriette, comme j'ai eu l'honneur de te le dire, nous n'en sommes malheureusement pas au coup d'essai.

« Dieu seul pourrait dire combien de fois j'ai dû lâcher mon appui-main et ma palette pour me lancer à ta poursuite, à travers l'escalier de cette même maison que tu menaces encore de quitter aujourd'hui — pourquoi ? on n'en sait rien !

« Les premiers temps, c'était tout plaisir, parbleu ; je te rattrapais à l'étage au-dessous et te ramenais à l'atelier avec les honneurs de la guerre.

« Puis, je me suis borné à te guetter par la fenêtre et à attendre, pour te rejoindre, que tu aies tourné le coin de la rue ; puis, j'ai attendu au lendemain pour m'aller mettre sur ta route ; puis je ne t'ai plus rejointe ni attendue du tout, te rappelant simplement d'une lettre — au reçu de laquelle tu te hâtais d'accourir, d'ailleurs. Car tu n'est ni rancunière ni méchante, tu as les nerfs bêtes, voilà tout.

« Mais enfin le moment est venu où je ne t'ai même plus écrit, où je t'ai laissée à ton

malheureux sort et à tes tardives réflexions;
on se lasse à la fin, tu comprends; et
alors, ma chère Henriette, il a bien fallu
que tu reviennes, que tu reviennes de toi-
même, sous le premier prétexte imbécile
venu, une voilette ou un mouchoir oublié,
sachant fort bien qu'une fois là, je ne te lais-
serais plus repartir.

« Hé bien, ma chère amie, prends garde;
cette fois-ci tu n'oublies rien, ni un mouchoir, ni une épingle, ni une allumette, ni
une feuille de papier.

« Or, tu ne serais pas femme si tu pous-
sais la bonne foi jusqu'à me revenir purement et simplement parce que ton cœur te
l'aurait commandé et que tu te serais dit
cette chose, si profondément vraie pourtant, que je serais encore trop heureux de
te revoir et de te ravoir. Non, il te faudra
ton entrée, ta petite entrée à sensation, et
cette petite entrée, tu ne la trouveras pas,
parce que, je te le répète, tu n'oublies ni une
allumette ni une épingle. D'où je conclus
que tu te fermes irrévocablement la porte

de cet atelier, si, en dépit de ces justes représentations, tu te détermines à la franchir.

« Henriette, mon enfant chérie, ma chère mignonne, je te jure que tu t'es trompée, que les oreilles t'ont corné, que je t'ai dit la chose la plus simple et la moins offensante du monde ; et, au surplus, si ces serments ne te suffisent pas, Henriette, je te demande pardon, je te demande pardon à genoux — non pour ce que j'ai dit, puisque j'ai rien dit, — mais pour ce que tu as entendu.

Et je me tus, attendant l'effet de ma petite improvisation.

— Tu as fini ? dit Henriette, tu es content ? je t'ai laissé parler ? Eh bien ! donne-moi la clef, maintenant.

Moi, là-dessus, la colère me prit, une de ces colères d'hommes gros, qui prennent à la gorge et aux yeux, vous aveuglent et vous étranglent.

Je poussai la clef entre les doigts d'Henriette :

— Va-t'en ! sors d'ici ! Fous-moi le camp !

Henriette se dressa, abasourdie, épouvantée.

Je la suivis jusqu'à la porte, que je lui jetai bruyamment dans le dos, puis je me livrai, à travers l'atelier, à une promenade de lion en cage, suant, suffoquant, crachant ma rage :

— Ah ! nom de Dieu ! Ah ! nom de Dieu ! Ah ! la misérable, la misérable !

J'en eus pour dix bonnes minutes à digérer mon exaspération.

Enfin j'avalai coup sur coup deux ou trois petits verres de cognac, qui me rendirent un peu de sang-froid, et je pus me remettre au travail.

III

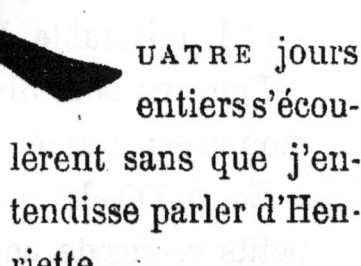

UATRE jours entiers s'écoulèrent sans que j'entendisse parler d'Henriette.

Mon *Mécène*, complètement achevé, attendait maintenant la décision de ses juges, le nez tourné aux murailles du *Salon;* mais la fatigue des dernières séances m'avait tellement dégoûté de cette grande bête de toile, sur laquelle, depuis près de six mois, je trimais et suais sang et eau, que je me trouvais payé de mes peines par la seule satisfaction d'être enfin dépoisonné d'elle..

A l'activité fiévreuse de la veille, avait brusquement succédé un abattement général de tout l'être, une espèce d'avachissement intellectuel qui me tenait, des heures entières, cloué aux coussins du sofa, sans en mouvement, sans une pensée, sans un rêve, ayant gardé juste assez d'énergie pour débourrer ma pipe et la rebourrer ensuite.

Dire qu'Henriette ne me manquait pas, si ! Elle me manquait certainement, plus même que je ne l'aurais cru; mais, outre que je sentais, pour elle, l'impérieuse nécessité d'une bonne leçon, j'avoue que je prenais le plus vif intérêt à connaître par quel prodige, prise qu'elle était en l'envie de revenir et le manque complet, absolu, de tout prétexte à rentrée, elle se tirerait de ce mauvais pas.

Et je me creusais la tête, pensant :

— Que diable va-t-elle inventer ? Qu'est-ce qu'elle rêve ? Qu'est-ce qu'elle mijote ? Ah !

tête d'oiseau, sotte, dinde, te voilà contente maintenant, avec ta stupide dignité! Rage donc, ma fille, rage donc!

Une fois que je jetai un coup d'œil par la fenêtre, je l'aperçus, passant sur le trottoir en face, marchant fièrement, très vite, sans lever les yeux, et je me sentis envahi d'une telle commisération, que je dus me retenir à toute ma volonté pour ne pas lui courir sus, la rattraper par un bras et lui dire :

— Allons, c'est bon, tu as été assez malheureuse comme ça. Reviens et n'en parlons plus !

Je me contins, cependant, je tins bon et j'attendis paisiblement les événements, m'abstenant même de sortir, sachant fort bien que je n'eusse pas fait dix pas sans me jeter dans elle au détour d'une rue.

Le matin du cinquième jour, comme, un peu remis en humeur de travail, je posais sur une toile blanche une première indication à la craie, la porte s'ouvrit brusquement.

Je regardai.

C'était Henriette.

Elle entra comme un coup de vent, traversa tout l'atelier sans me jeter un regard ni un mot, prit une chaise, grimpa dessus, et, d'une panoplie d'armes qui décorait le mur, elle détacha... *un yatagan !*

Je jetai un cri d'admiration ! Elle avait trouvé son entrée !

Ce n'avait pas été sans peine, mais enfin elle l'avait trouvée.

Ma première idée, je l'avoue, fut de la lui faire manquer en la laissant purement et simplement agir, mais je réfléchis qu'aussi bien ce pouvait n'être pas malin ; Henriette étant capable de se passer dans le cœur tous les yatagans de la création plutôt que d'en avoir le démenti.

Un mien ami proférait un jour devant moi cet axiome d'une haute portée philosophique : « Ne défions jamais les femmes ni les fous ! » paroles dont je crus prudent de ne point mettre la profondeur à l'épreuve.

Je sautai donc sur l'arme que j'empoignai par le fourreau.

— Allons, voyons, ne fais pas la bête.

— Laisse-moi tranquille, exclama Henriette, laisse-moi tranquille, je veux mourir ! j'en ai assez de cette existence-là ! je te dis que je veux mourir, laisse-moi tranquille !

Elle était toujours sur sa chaise, cramponnée des deux mains à la poignée de l'arme. Nous tirions chacun par un bout ; le yatagan, rouillé dans sa gaine, résistait.

Brusquement il céda.

Tiraillée du haut en bas, la lame jaillit

hors du fourreau, et Henriette, prise à l'improviste, s'envoya en plein nez le plus joli coup de poing qui se soit jamais abattu dans la figure d'une entêtée.

Ce fut toute une inondation, de sang d'abord, de larmes ensuite !

Passée du tragique au grotesque, désespérée, inconsolable, Henriette suffoquait au-dessus de la cuvette, avec de gros hoquets de désespoir, qui secouaient sa pauvre petite taille comme un prunier sous une bourrasque.

Elle sanglotait :

— Je me tuerai, va ! je me tuerai ! je me suis manquée cette fois-ci, mais une autre fois, tu verras !

— Mais oui, répondis-je, mais oui, c'est une affaire entendue, tu te tueras ;... mouche donc ton nez.

. . . .

A cinq ou six jours de là, comme la paix

était ratifiée, je me hasardai à demander à Henriette :

— Enfin, dis-moi donc un petit peu ce que tu avais entendu, l'autre jour ?

— Ah ! fit Henriette, qui devint grave, ne reviens jamais là-dessus !

Je dis :

— Ah ! très bien, très bien.

Et je jugeai intelligent de ne pas insister davantage.

IV

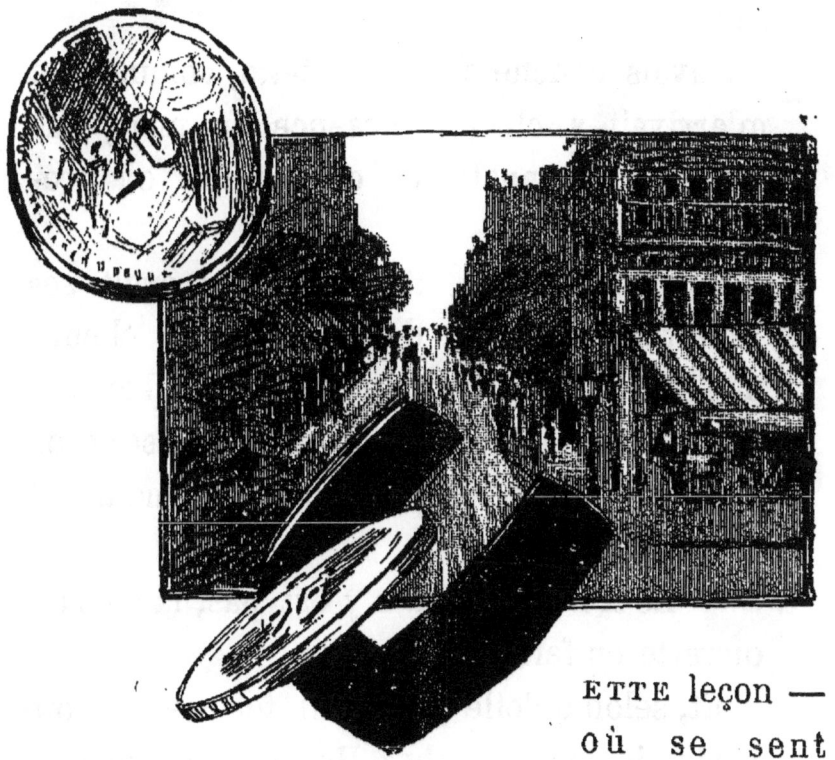

ETTE leçon — où se sent pourtant à pleines narines la main vengeresse d'un Dieu las et exaspéré — eût dû, ce semble, porter ses fruits ?

Il n'en fut rien.

Aussi bien, s'il en eût été autrement,

Henriette n'eût plus été Henriette, et ce récit n'eût plus eu de raison d'être.

Donc, une courte quinzaine ne s'était pas écoulée, que déjà une nouvelle scène surgissait.

J'avais couché chez Henriette, comme cela m'arrivait à chaque absence du mari, que ses affaires appelaient quelquefois en province.

Dans ces cas là, Henriette, qui avait ses fenêtres sur la rue, disposait sur sa cheminée un jeu de lampes convenu à l'avance entre nous, et qui, de la petite brasserie où je prenais mon café le soir, me mettait à même de me dire :

— Le mari y est ou n'y est pas, la voie est ouverte ou fermée.

Et, selon qu'elle était soit fermée, soit ouverte, je montais chez Henriette ou je rentrais chez moi.

C'était sûr, ensemble, et commode.

Pour en revenir à ce que je disais, j'avais couché chez Henriette, et, n'ayant rien de mieux à faire, je tirais ma flemme au dodo, tandis qu'elle-même, déjà levée et habillée, se préparait à aller faire son marché.

Elle avait renversé sa bourse sur le marbre de sa commode et, mentalement, comptait sa dépense de la veille, faisait, du doigt, de petites séparations, alignait ses louis à droite, ses sous à gauche, avec une gravité lente et silencieuse de hanneton qui compte ses écus.

Moi, accoudé dans l'oreiller, je la regardais faire, sans rien dire, amusé de sa conviction, de sa mine sérieuse, et profonde de petite femme bien ordonnée à laquelle on ne passe pas des limandes pour des soles, et qui sait à quoi s'en tenir sur l'exacte valeur des pièces du Chili.

Elle dut sentir sur elle la pression de mon regard, car au bout d'un instant elle se tourna vers moi.

Je souris et lui dit gaiement :

— Hé hé, Henriette; la monnaie!

Elle ouvrait la bouche pour répondre, mais elle la referma aussitôt, fixant sur moi cet œil inquiet dont le bleu, comme celui de la mer, s'assombrissait ou s'éclairait à volonté, parcourait des gammes entières selon que les périodes d'accalmie succédaient aux périodes d'orage.

— Qu'est-ce que tu veux dire par là? fit-elle enfin.

Immédiatement, je vis ce qui me pendait au nez.

— Ah ma fille, lui dis-je, c'est bien simple! J'ai dit : « Eh eh, Henriette; la monnaie! » et si seulement un seul instant j'ai songé à dire autre chose que : « Eh eh, Henriette; la monnaie!» je veux être changé, à ton choix, en pain de sucre, en bonnet grec ou en panier à salade! Car enfin, c'est une chose inouïe et lamentable que j'en sois venu à n'oser plus dire une parole, dans la crainte de m'aller buter une fois de plus à tes sempiternels soupçons et à des défiances imbéciles! je finirai par ne plus desserrer les lèvres et te laisser causer toute seule!

Elle ricana :

— C'est que je te connais, mon cher; il n'est pire sournois que toi au monde.

C'était elle, maintenant, qui souriait ; d'un de ces sourires qui en disent long, et dont des millions et des milliards de gifles ne payeraient pas l'insolence froide, l'exaspérante provocation.

Je répétai :

— Tu me connais ?... tu me connais ?... Il serait vraiment préférable que tu te connusses toi-même : tu te corrigerais peut-être. Ah ! et puis, tiens, tu me fais suer !

Je m'étais retourné sur moi-même, réfugié dans la ruelle du lit, en homme qui ne veut plus rien savoir.

Henriette, tranquillement, reprit :

— Oh je ne me fais pas d'illusion ; je sais très bien de quelle estime tu m'honores ; je n'ai jamais été pour toi beaucoup plus que ta cuisinière ou ta concierge ! Du reste, vous êtes tous les mêmes ! Mauvais barbouilleurs de quatre sous ! Ça ne tient plutôt pas un crayon dans les doigts, que ça se croit sorti de la cuisse d'un dieu ; en droit de se moquer des femmes qui ont été assez naïves pour croire en eux et donner dans leurs singeries ! Il n'y en pas un, entre tous, qui mériterait d'avoir une maîtresse un peu propre !

Je haussai les épaules sous le drap.

— Il est vrai ! continua cette douce entêtée d'un ton narquois et plaintif à la fois ; je ne suis pas une artiste, moi ; je suis une petite bourgeoise, une épicière, qui n'entend rien aux belles choses, mais qui sait qu'un sou est un sou et qui tient à sa *monnaie*, comme tu daignes si bien le lui faire sentir, parce qu'elle en connaît la valeur. La monnaie ! Ah ! vraiment, oui, c'est bien spirituel de ta part ! Il serait à souhaiter, mon cher, que tes parents t'eussent élevé comme m'ont élevée les miens, dans le respect de l'ordre et de l'économie : tu n'en serais sans doute pas où tu en es, à battre encore, à trente-huit ans, une ridicule et malpropre bohème ! Mais non, monsieur fait le grand seigneur ; monsieur est au-dessus de ces petits détails ; monsieur plaisante les gens de bon sens ; monsieur aime mieux dépenser, — je le lui ai vu faire cent fois, j'en étais écœurée, malade ! — des vingt et trente sous par soirée ! Et à quoi faire, je vous le demande? A s'emplir le ventre de bière, comme un maçon! à régaler de grands fainéants bons à rien, qui se gobergent à son compte et se moquent de lui le dos tourné!

Du coup, la patience m'échappa.

Je fis dans le lit un tel bond, que je m'y trouvai tout assis.

— Ah ça, Henriette, est-ce que tu vas me ficher la paix? De quoi te mêles-tu, à la fin, avec les vingt et trente sous que je dépense! Non, mais c'est insensé, c'est inimaginable : cet argent serait aussi bien le tien, que tu n'en crierais pas plus haut! Et tu parles de tes parents! Ah bien, je te le conseille, en effet; et ils t'ont fait un beau cadeau le jour où ils t'ont colloqué les intelligentes théories que tu professes sur l'existence! De jolies moules, tes parents!

— Des moules! des moules!

— Oui, des moules! qui ont fait de toi, née bonne, intelligente et fine, un être impossible, hargneux, insociable d'intolérance, froid comme un clou, sec comme une trique, banale comme une devanture de perruquier et avare comme un cloporte de sacristie !

— Avare ! criait Henriette, avare !

Que j'en pensasse seulement un mot, mon Dieu, non ! je cédais, en parlant ainsi, à ce besoin impérieux de mauvaise foi qui est acquis à tout cœur ulcéré de par son droit de légitimes représailles.

Henriette, d'ailleurs, maronnait sérieusement ; ce dont je concevais une joie sans mélange, bien qu'elle s'efforçât de n'en rien laisser voir, et poussât de grands éclats de rire :

— Avare, répétait-elle, avare ! parce que je suis économe et que, bêtement, stupidement, comme tu passes ta vie à le faire, je ne jette pas l'argent par les fenêtres ? Ah ! c'est trop drôle, c'est trop drôle !

Et brusquement, avec cette logique admirable, ce sens spécial, extraordinaire, de l'absurde et de l'imprévu, que savent apporter les femmes en toute chose, elle bondit sur son argent, prit au hasard un louis dans le tas, et le lança de toutes ses forces par la croisée, accompagnant sa disparition de cette exclamation triomphale :

— C'est comme ça que je suis avare !

J'ajoute que dans l'instant même, les nerfs se détendant comme par enchantement, l'instinct de la ménagère reprit le dessus : je bâillais encore d'épatement, qu'Henriette, déjà, avait ouvert la porte et s'était jetée dans l'escalier, à la poursuite de sa pièce.

Elles durent arriver ensemble dans la rue.

Et alors je demeurai seul, riant comme un imbécile, mais riant à en être malade, à être secoué comme une feuille au vent, pensant :

— Dire que ce sera comme ça toute la vie ! me représentant Henriette, immobile dans la rue, en train d'inspecter le trottoir au milieu d'un cercle de badauds !

Je ne ravalai cet accès de gaieté — et Dieu sait la force de caractère que j'y dus mettre — qu'en entendant Henriette rentrer. Du reste, à la seule façon dont elle repoussa la porte, je fus fixé sur le résultat de ses recherches.

Je demandai :

— Eh bien, Henriette, as-tu retrouvé ton argent?

Elle leva les épaules et se tut.

Je repris :

— Tu vois, mon pauvre chat; c'est le bon Dieu qui te punit. Vingt francs de fichus pour avoir eu le plaisir de faire la mauvaise tête!

Mais elle :

— Vingt francs de fichus! vingt francs de fichus! Eh! qu'est-ce que ça me fait, à moi, vingt francs de fichus! Crois-tu que j'en sois à vingt francs près? Tiens, voilà comment je les pleure, mes vingt francs!

Et, là-dessus, pour me bien prouver que la perte de ses vingt francs la laissait froide et sans dépit, elle empoigna un second louis et l'envoya rejoindre le premier.

LE FILS

Le Fils

Moi, dit Trielle quand son tour fut venu, ce ne fut pas avec le mari que j'échangeai des coups d'épée, mais bel et bien avec le fils, un polisson de dix-huit ans, que j'avais connu en

18.

bourrelet, que j'avais tenu sur mes genoux et bourré de sucre d'orge dans le Palais-Royal.

Ah, ce fut une drôle d'histoire, à peine vraisemblable, ma foi. Je venais de rompre avec la mère, las d'une existence de querelles et de perpétuelles chamailleries, et je soufflais encore d'éreintement comme un cheval qui a fourni une trop longue course, quand l'enfant me tomba à son tour sur les bras, trouvant sans doute que le droit au repos ne m'était pas suffisamment acquis par seize années de purgatoire.

Il n'y eut qu'un cri :

— Seize années !

Trielle sourit :

— Mon Dieu oui ; seize années. Cette petite plaisanterie n'avait pas duré moins.

— Ah çà mais, demanda Fabrice, tu l'avais donc connue en nourrice, cette femme ?

— Non, reprit-il, pas tout à fait, mais enfin je sortais de collège; j'avais dix-huit ans, j'en ai trente-cinq aujourd'hui, or, dix-huit et seize font trente-quatre, vous voyez que c'est encore récent.

Ah ! j'ai eu le temps d'en voir de grises !
Seize ans, ce n'est pas un jour, ça, et il faut y
avoir passé, passé soi-même, pour bien savoir
ce qu'une liaison de cette trempe vous réserve
de désillusions, de découragements et de tristesses ! J'ai eu mes bonnes heures, parbleu,
mais la vie est tellement absurde qu'à peine
connaissons-nous, des joies qu'elle nous donne,
autre chose que le regret de ne les avoir plus.

Tel que vous me voyez, mes enfants, j'ai
eu ma bonne part de douleurs, allez ; je vous
flanque mon billet que j'ai bu le calice et payé
de sacrés écots à cette Sainte Misère, patronne
de la vie, qui se fait souhaiter sa fête si souvent. Ah ! nom d'un chien, s'il me fallait repasser par les mêmes épreuves d'où je sors,
vous verriez, non mais vous verriez si je serais
long à en finir. — Garçon, donnez-nous des
bocks.

Il y eut un instant de silence.

On demanda :

— Tu as été très malheureux ?

— Excessivement malheureux, dit-il avec
le plus grand calme.

— Pourquoi ? est-ce qu'elle te trompait ?

Un dédaigneux haussement d'épaules fut sa réponse.

— Est-ce que tu as senti qu'elle ne t'aimait pas ?

Il regarda fixement dans les yeux, comme s'il eut regardé un fou, celui qui posait cette question ; puis brusquement :

— Elle ? s'exclama-t-il ; elle ne m'aimait pas ? Mais, mon cher, le malheur m'aurait jeté dans la boue à l'autre extrémité du monde, qu'elle serait venue m'y chercher sur les genoux ! J'ai été aimé par cette femme comme jamais plus je ne serai aimé, comme personne, personne, entendez-bien, ne pourrait se vanter de l'avoir été plus. Non, mais qu'est-ce que vous voulez, c'est toujours la même histoire, la même fatalité imbécile de la vie, contre laquelle il n'y a pas à se débattre ; nous avons tous passé par là.

Si je vous disais que cette femme, dont j'ai reçu toutes les preuves de l'amour le plus tendre, le plus pur, le plus ingénu, dont j'ai épuisé tous les dévouements et toutes les abnégations, qui m'eût sacrifié son fils comme elle m'eût sacrifié son sang si je lui avais demandé, je l'ai traitée de fille, je l'ai traitée de catin, je lui ai jeté au nez les noms les plus ignobles, encore bien étonné, seulement, de n'avoir jamais tapé dessus!

Ah! quand la vie se met à être bête elle l'est bien.

Il ricanait; un mauvais rire sonnant le faux, où l'on sentait un tas de vieilles rancunes mal éteintes.

Il continua :

— Oh! au début, ce fut tout plaisir. En avance sur moi de six ans, elle m'aima comme aiment les femmes plus âgées, de cet amour désordonné et fou où il y a de tout à la fois, de la maman et de la grande sœur.

Moi, c'est plus simple encore, je m'étais donné à elle, et vous savez si les gamins savent se donner.

Je vivais d'elle, par elle, pour elle; j'aurais déjeuné de ses sourires et dîné de l'odeur de ses gants.

Nous nous étions accrochés l'un à l'autre —

car je chercherais vainement une expression plus juste — moi à elle avec tout l'essort d'une complète virginité d'âme, elle à moi avec tout l'élan désespéré d'une femme aimante, mal mariée, qui a commencé par se croire perdue et a pleuré pendant quatre ans la triste déception de ses rêves. Et nous allâmes ainsi devant nous, côte à côte, marchant dans une planète à part, superbement dégagés de tout ce qui n'était pas nous, sous l'œil éperdument confiant du mari, une espèce de butor grossier et pas méchant.

Ce fut le meilleur temps de ma vie.

Là-dessus, la guerre arriva, avec elle la nouvelle lugubre des premiers revers, et tout de suite, dans la hâte effroyable de la catastrophe, l'affollement des Parisiens fuyant devant le blocus de leur ville comme devant la petite vérole ou le choléra. Du jour au lendemain les gares débordèrent, les trains se succédèrent sans relâche, emportant au bout du pays des régiments de poltrons empilés.

Moi, une pensée épouvantable m'était venue :

— Oh ! mon Dieu, est-ce qu'ils vont s'en aller *eux* aussi !

Ils s'en allèrent.

Non pas que le mari fut un lâche : le personnage, pour être pauvre homme, n'avait pas besoin de cette honte, mais enfin il y avait l'enfant, un petit être malportant, chétif, que les misères du siège eussent tué, et qu'il fallait mettre à couvert. Ils partirent donc ; j'étais l'ami de la maison, je dus les mener jusqu'au train et les installer dans le wagon, avec un souhait et un sourire.

J'eus ce courage ; où le puisé-je, je n'en sais

rien, mais cependant j'eus ce courage dont le souvenir me donne aujourd'hui le vertige.

Il est vrai qu'une fois à l'air je n'eus que le temps de prendre mon mouchoir et d'y mordre de toutes mes forces, pour ne pas éclater en sanglots dans la rue.

Je passai toute la nuit dehors, battant les quais sous la pluie, transi de froid, voyant les flammes des becs de gaz s'allonger à travers mes larmes, n'osant rentrer par crainte de retrouver chez moi cet arrière-parfum de femme élégante que chacune de ses visites y laissait.

Je restai ainsi deux journées dans ce désespoir fou d'enfant auquel on a pris sa maîtresse, sans seulement une âme amie à qui confier mon chagrin, une épaule où pleurer à l'aise, car j'avais à tel point la religion de mon amour que j'eusse vu comme un sacrilège à en trahir le mystère.

Le troisième jour je reçus une lettre qu'elle avait trouvé le temps de m'écrire en cachette, quatre pages hâtives, désolées, sans un point, sans une virgule, saignantes comme une plaie à vif.

Le lendemain j'en reçus une seconde, le surlendemain une troisième et ainsi chaque jour de la semaine jusqu'au jour où je ne reçus plus rien, les messages n'arrivant plus, et je me trouvai alors dans la situation du mineur sur qui l'éboulement s'est fait et dont la lampe vient de s'éteindre.

J'abrège.

Le blocus s'acheva, puis ce fut les affaires de la Commune, les fusillades dans les rues, est-ce que je sais! en tout huit mois, huit mois épouvantables, pendant lesquels j'avais vécu comme une brute, dans une inconsolable douleur et dans une chasteté farouche, sans même savoir si elle était morte ou vivante.

Les balles des Prussiens n'avaient pas voulu de moi : une charité qui me laisse froid, du reste.

A la fin cependant, l'apaisement se fit, les fuyards rentrèrent en masse, la bouche pleine de reproches et de larmoiements, et moi je me remis à espérer un peu, courant de chez moi chez eux et de chez eux chez moi, et comme ça toute la journée sans autre résultat que de m'aller buter le nez contre des persiennes éternellement closes.

Dire que j'ai fait ce manège-là deux cents fois, c'est me mettre au-dessous de la vérité.

Cette torture prit fin, pourtant.

Un matin on sonna chez moi.

J'allai ouvrir : c'était elle.

Je ne la reconnus d'abord pas à cause de son épaisse voilette et aussi de la déshabitude de la voir qui m'était naturellement venue.

Puis je sentis mon sang qui m'affluait au cœur, j'eus tout juste assez de force et de voix pour lui dire :

— Entre.

Elle entra.

Je poussai la porte derrière elle, et nous restâmes là, face à face, nous regardant éperdument dans le demi-jour du corridor, ne songeant pas même à nous embrasser.

Et brusquement, sans que nous ayons compris comment cela s'était fait, nous nous trouvâmes aux bras l'un de l'autre, les lèvres collées, pleurant à chaudes larmes, avec des sanglots convulsifs où tenait tout l'excès de nos misères passées. Je l'entraînai, elle tomba assise sur mes genoux, prise tout entière dans mon étreinte ; j'en eus pour dix bonnes minutes avant seulement que de songer à lui demander comment elle se portait.

A peine, d'ailleurs, eus-je le temps de la voir, car elle s'était échappée de chez elle, sous je ne sais quel mauvais prétexte ; et, en effet, je m'aperçus qu'elle était venue sans rien sur elle, les mains nues, avec un méchant chapeau de rien du tout, en petite femme de ménage qui va faire ses provisions.

Je lui dis :

— C'est bon, va, sauve-toi !

Et je la gardai sur moi, cependant, tout à l'éblouissement de l'avoir reconquise, de retrouver, après tant de temps, ses petites pattes, sa coiffure en chien fou, et son sourire de parisienne spirituelle.

Elle revint le lendemain, puis je reçus du mari une lettre m'annonçant leur retour à tous deux, et peu à peu nous reprîmes l'ancien train train de vie, elle toujours folle, audacieuse, se compromettant à plaisir avec ce toupet infernal des femmes qui se savent intelligentes et que l'épaisse lourdeur d'un mari imbécile n'est pas faite pour démonter.

Elle eut alors des bravades insensées, des hardiesses inouïes qui me coupaient bras et jambes, comme de me donner des rendez-vous à quatre heures de l'après-midi à la terrasse du café de la Paix, de monter avec moi en voiture découverte, de se montrer à mon bras au théâtre, aux Champs-Elysées, n'importe où. Je me laissais faire, entraîné, étourdi, me laissant moi-même gagner par cette assurance insolente et à laquelle l'événement venait toujours donner raison.

Quelquefois je lui disais :

— Tu es folle, nom d'un chien ; avec tes manières de te moquer du monde, tu finiras par nous faire pincer.

Mais elle avait un :

— « Bah ! »

qui répondait à tout, avec un petit rire de défi porté à l'humanité tout entière.

Et de fait, pendant plus de deux ans, nous avons promené notre amour au soleil d'un bout à l'autre de Paris, sans que jamais ni elle ni moi nous ayons rencontré un chat.

Il n'y a que les gens en faute pour avoir des chances pareilles.

Et, au surplus, que pouvais-je répondre à une femme qui courait de gaîté de cœur le risque de se perdre, jouait sa réputation et peut-être sa vie pour le seul plaisir de se donner davantage ?

Pauvre petite, je lui dois bien les plus grandes douleurs de ma vie, mais aussi les heures les plus douces, et, en somme, toute la question est de savoir si nous devons garder plus de rancune aux femmes, du mal qu'elles nous auront fait, ou plus de reconnaissance des joies qu'elles nous auront procurées.

ɴ beau jour, le mari mourut. J'accueillis avec toute la satisfaction imaginable la disparition d'un monsieur peu intéressant par lui-même, et dont je ne vous cacherai pas que j'étais sourdement jaloux. C'était cependant le plus grand malheur qui pût frapper notre amour, et si je n'en soupçonnais rien sur le moment, je n'en acquis plus tard qu'une preuve plus évidente.

Oh ! le mari, le précieux mari ! le personnage indispensable à la solidité des liaisons adultères, le monsieur qui vous gêne, vous irrite, vous assomme ! l'empêcheur de danser en rond qui fait rater vos rendez-vous, se met dans vos jambes, vous barre le passage, et avec ça entretient chez l'amant le désir toujours frais de la femme, par cela qu'il le contrarie et en modère les élans d'une main guidée par la prudence même !

Hélas, comme je tardai peu à reconnaître l'impérieuse utilité de ce serviteur méconnu !

Car, comme de juste, une fois débarrassé de lui, nous n'eûmes plus qu'une idée en tête : nous débarrasser de l'enfant qui commençait à avoir ses sept ans et dont les grands yeux clairs, fixés parfois sur nous avec d'étranges inquiétudes, ne laissaient pas que de nous gêner singulièrement.

Le parti fut donc vite pris : en quinze jours, la mère lui bâtit son trousseau tandis que je courrais moi-même tous les environs de Paris, à la recherche d'un pensionnat propre que je finis par dépister entre Sannois et Argenteuil et où le gamin entra, séance tenante, les poches bourrées de pâtisseries.

Et alors, nous demeurâmes seuls, dans un seul à seul absolu et qui eut d'abord pour effet de donner une recrudescence à notre amour.

Nous nous aimâmes et nous nous prîmes comme si jamais encore nous ne nous étions eus, et comme si les quatre ans de liaison que nous avions derrière nos talons n'eussent été pour nous que de longues fiançailles. L'idée d'une possession complète, à laquelle ne venait plus se mêler cette vision odieuse du partage qui tant de fois m'avait poursuivi et hanté, m'avait jeté dans une sorte d'affolement, dans un paroxysme de désir insatiable qu'il me semblait que jamais rien ne pourrait éteindre, et, qu'elle, d'ailleurs, en pleine floraison de sa maturité ardente, laissait s'ébattre tout à à l'aise.

Elle approchait de la trentaine, restée mince et élégante, avec quelques cheveux blancs précoces, et possédant au suprême degré cette coquetterie irritante des Parisiennes de pure race.

Je n'ai jamais connu la pareille pour savoir sauter du lit et mettre ses bas le matin, et aussi bien est-ce là l'une des plus grosses raisons qui font que je ne lui en veux pas, après tout le mal qu'elle m'a fait.

Au fond, voyez-vous, mes enfants, on pardonne toujours tout aux femmes hormis d'avoir les jambes maigres entre les hanches et les jarretières.

Cependant il fallait bien que cette petite fête eût une fin et elle eut une fin en effet, phénomène qui, naturellement, ne s'accomplit pas du jour au lendemain mais qui, au bout du compte, s'accomplit tout de même.

Ça commença par des bêtises, de vagues agacements que d'abord je pris plutôt pour des agaceries, de ces attaques anodines qui ne sont rien et qui ne méritent même pas la peine d'une remarque.

Il y a des heures où les femmes ne sont pas à prendre avec des pincettes, particularité qui échappe quelquefois et pendant un assez long temps aux amants des femmes mariées, parce que ces heures-là, en fines mouches qu'elles sont, c'est aux maris qu'elles les réservent.

D'ailleurs, vu la façon dont elles se terminaient, ces petites piques insignifiantes n'avaient rien que de très supportable et je les acceptai volontiers jusqu'au moment où commençant à m'étonner de leur fréquence, je harponnai ma coupable au passage, l'assis de force sur mon genou et lui demandai entre quatre z'yeux :

— Ah çà, qu'est-ce que tu as, voyons ? Tu deviens impossible depuis quelque temps.

Elle dit :

— Qui ça, moi ? En voilà une idée ! Je ne sais pas ce que tu veux me dire, seulement !

— Très bien, répondis-je, dès l'instant que tu ne sais pas ce que je veux te dire, voilà la question tranchée. Laissons cela et n'en parlons plus.

Et en effet, nous n'en parlâmes plus, car pendant toute la quinzaine qui suivit, elle fut plus chatte et plus charmante que jamais, avec de ces câlineries mièvres qui faisaient d'elle le plus exquis et le plus adorable petit être qu'il soit possible de rêver.

Justement les premiers beaux jours étaient venus, en sorte que nous nous donnions des indigestions de campagne, partant le matin, au saut du lit, pour ne rentrer chez nous que par le dernier train, éreintés d'avoir canoté ou couru toute la journée comme des enfants.

Ce fut une période charmante, qui se prolongea tant qu'il fit beau ; puis, peu à peu, les impatiences un moment dissipées reparurent, les besoins de gronderie pour des riens, pour un objet changé de place ou pour une cigarette éteinte demeurée par mégarde sur un angle de la cheminée.

Tout cela, d'ailleurs, n'était pas grave pour deux sous et j'eusse cru une absurdité d'attacher la moindre importance à de petites mauvaises humeurs momentanées qui s'en allaient comme elles étaient venues, avec un mot ou une caresse.

Je ne songeai à m'émouvoir réellement que quand elle commença à ne plus rendre le baiser, à se laisser embrasser comme par complaisance, avec une bouderie rancunière de femme blessée. Je ne dis rien encore, pourtant, la connaissant pour nerveuse en diable, redoutant avec raison le danger d'une première querelle, et me bornant à hausser les épaules à chaque avertissement nouveau d'une transformation de plus en plus évidente et à laquelle bon gré mal gré je m'obstinais à ne pas vouloir croire.

Et je me creusais la tête à m'efforcer de comprendre, me demandant :

— Mais qu'est-ce qu'elle a? qu'est-ce que c'est?

Ce n'était pourtant pas malin à deviner : c'était purement et simplement le caractère impossible de la femme que la passion rassasiée à demi n'était plus de force à dompter, et qui reparaissait lentement, comme reparait la trame sous une étoffe qui s'use.

Vous n'avez pas la prétention, n'est-ce pas, de m'aller faire résumer en vingt mots le travail de douze années et vous analyser ici, phase par phase, la lente décomposition de cet amour, pétri de larmes, de joies, d'extases, de sanglots !

Cela procéda par nuances insensibles, par graduations insaisissables.

Ce fut d'abord la période du monsieur, qui, flairant une querelle dans l'air et voulant la paix à tout prix, use l'un après l'autre tous les écheveaux de patience dont la providence l'a pourvu, serre les mâchoires, ricane en dedans, oppose toute sa volonté et toute sa force à l'énervement qui le gagne peu à peu, tandis qu'elle, de son côté, visiblement exaspérée, affine les pointes de ses attaques, devient ironique et amère, fait de l'esprit, se venge bruyamment sur les meubles.

Ce fut ensuite la période plus aiguë du monsieur qui bondit subitement de sa chaise, saute sur son chapeau, s'élance dans l'escalier, va prendre un bock, deux bocks, trois bocks, le temps que ses nerfs se détendent ; puis la période plus grave encore du monsieur que la rage a gagné avant qu'il n'ait eu le loisir de gagner lui-même la porte, et qui se met enfin de la partie.

Successivement, je disparus ainsi, une heure, puis deux heures, puis trois heures, puis toute la journée, puis la nuit.

Ah, par exemple, cette fois, la leçon, un peu raide, porta.

Je me rappelle que le lendemain, quand je me décidai enfin à revenir, elle était rendue à la porte avant même que ma clef eût fait le tour du pène :

— D'où viens-tu ? Qu'est-ce que tu as fait ?

Elle avait le visage retourné, avec les yeux mangés de larmes.

J'eus un haussement d'épaules :

— D'où veux-tu que je vienne ? J'ai couché chez moi, parbleu !

Elle répondit simplement :

— Ah !

Et elle resta une grande minute à me regarder dans les yeux, avec une fixité inquiète.

Ce fut tout.

Pendant quelques jours elle fut souple, douce, charmante, elle retrouva ses anciennes douceurs et ses gamineries enjouées des premiers temps.

Malheureusement ça ne dura pas et un mois ne s'était pas achevé que nous en étions revenus au point de départ.

Nous continuâmes ainsi des mois et des années, menant de front nos amours et nos querelles, dans un continuel ballottement du gris au rose et du rose au gris, nous prenant le matin aux cheveux, pour nous en aller dîner le soir dans quelque cabaret de banlieue d'où nous revenions à la nuit, amoureusement enlacés, comme des amoureux de Schiller.

Trente-six fois nous avions tâté de la rupture et toujours je ne sais qu'elle force nous avait ramenés l'un à l'autre.

J'essayai de tout; j'eus des absences de

quinze jours au bout desquels le premier lassé de nous deux arrivait un matin chez l'autre avec un sourire ou une larme qui scellait le bail d'une nouvelle réconciliation; je la trompai, je pris des maîtresses, que je flanquais régulièrement à la porte à la fin de la première semaine; une fois, je songeai à me marier, elle dit tranquillement :

Pourquoi faire ? Tu seras ici quinze jours après.

Et c'était parfaitement exact; j'y eusse été quinze jours après.

Il semblait que la fatalité nous avait rivés l'un à l'autre, en même temps qu'en nous donnant à tous les deux une nature à peu près identique elle nous animait mutuellement de la force de deux aimants qui se repoussent.

Notez qu'elle m'eût tout sacrifié, comme je vous le disais tout à l'heure, et que si j'en eusse besoin, elle eût volé du pain pour moi. Seulement elle me l'eût flanqué à la figure. C'était comme un besoin chez elle, une nécessité absolue, impérieuse, inexorable de me chercher des discussions à propos de tout et de rien, un mouvement perpétuel de nerfs, quoi.

Ma parole d'honneur j'en suis à me demander si je ne lui eusse pas rendu un peu service en lui flanquant des calottes.

Quelquefois, aux heures d'accalmies, je la prenais doucement sur mes genoux, une main autour de la taille, comme on fait d'un bébé auquel on montre à lire, et je lui faisais de la morale, des représentations très sages, très sensées, qu'elle écoutait avec une gravité extrême, avec un petit air pénitent et contrit de pensionnaire à confesse, en suivant au bout de son pied le mouvement balancé de sa sa pantoufle.

Elle disait :

— Oui, ah! je sais bien, je ne suis pas toujours très commode, mais qu'est-ce que tu veux, ça n'est pas de ma faute, il faut me garder comme je suis. Ça ne m'empêche pas de t'aimer bien, tout ça.

Elle n'avait pas pour deux liards de méchanceté, au fond.

Une fois, elle me dit :

— Vois-tu, mon pauvre chat, ce n'est pas bien drôle pour toi, mais il faut en prendre ton parti. Essaye de rompre si tu veux, c'est un courage qui au dernier moment finira toujours par te faire défaut. Il y a trop de larmes entre nous; nous n'en sortirons jamais.

Elle se trompait ; nous en sortîmes.

III

Nous en sortîmes parce que le jour vint où j'en eus tout de même assez. Déjà, à vingt reprises différentes, je lui avais envoyé sous forme de billets laconiques et à la suite de scènes violentes, le sceau définitif de notre rupture, mais une fois arriva enfin, qui fut la bonne.

Je disparus..

Un mois tout entier s'écoula sans qu'elle ni moi nous nous donnâmes signe de vie, après quoi je reçus une lettre enfantine, écrite en style de cérémonie, dans laquelle elle m'appelait monsieur, et m'assurait de toute sa considération en me priant de passer chez elle pour y recevoir un avis de la plus haute gravité.

Je remis le billet sous son enveloppe et l'envoyai retrouver ses semblables au fond du tiroir aux souvenirs où ils dormaient doucement côte à côte comme les sept frères du Petit Poucet.

Trois jours après ce fut elle-même qui vint.

Je fis dire que j'étais absent et je m'abstins de sortir avant la nuit tombée, ce qui me valut une nouvelle lettre, sincère celle-là, où il était parlé de trente-six choses à la fois, de torts mutuels, de désespoir, d'isolement, toujours sans points et sans virgules.

Je fus troublé; je vis le moment où j'allais faiblir une fois de plus, d'autant que sitôt éloigné d'elle, les mauvais souvenirs s'effaçaient pour ne me plus laisser que la vision mélancolique des bonnes heures qu'elle ne me donnerait plus. Je réfléchis, j'eus ma petite tempête sous un crâne, je fis battre l'un contre l'autre le peu de bon sens que j'avais et cette sentimentalité absurde de collégien dont je n'ai jamais pu me dépêtrer.

Bref, je pris l'énergique parti de m'éloigner

et d'aller mettre ma faiblesse en sûreté de l'autre côté de la montagne.

Et c'est alors que je me sauvai en Italie où je demeurai tout l'hiver et une partie du printemps qui suivit.

Quand je revins, c'était fini et bien fini.

Je le compris à la froideur indifférente avec laquelle je parcourus l'une après l'autre les nombreuses lettres qu'elle n'avait cessé de m'adresser pendant le temps de mon absence et que je trouvai à mon retour, accumulées sur ma table de travail.

Je me sentis définitivement dégagé d'elle, arraché enfin à ces mains entre lesquelles j'avais laissé le meilleur de mon existence, à la domination de cette charmeuse étrange qui ne me paraissait déjà plus que comme nous apparaît encore le souvenir doux et un peu vague des morts que nous avons aimés.

Le temps passa; les jours et les semaines croulèrent sans que j'entendisse plus parler d'elle.

Un jour que je travaillais seul, mon domestique vint entr'ouvrir ma porte et m'annoncer un nom qui me fit tressaillir.

Ce nom, c'était celui du fils.

Je donnai l'ordre de faire entrer et j'allai au-devant du jeune homme, en lui tendant une main qu'il parut ne pas voir.

C'était un garçon pâle et frêle, portant à peine ses dix-huit ans, et en qui je retrouvai tout de suite l'image vivante de la mère, à l'époque où je l'avais connue. L'expression singulière de ses traits me frappa, en même temps que l'air de grande gêne avec lequel il se présentait, et la première idée qui me vint fut qu'il venait me demander un service sans savoir par quel bout s'y prendre.

Je lui dis :

— Assieds-toi, mon cher ; tu es gentil d'être venu.

Puis, comme il demeurait debout :

— Voyons, repris-je, qu'est-ce qu'il y a ? tu as un air solennel ! Je parie que tu as fait des bêtises ; tu t'es fait nettoyer aux cartes, n'est-ce pas, et tu viens t'adresser à moi pour que je te tire d'affaire ? Eh bien, tu as bien fait, parbleu ! combien te faut-il, quinze louis, vingt louis, quoi ?

Mais il m'interrompit d'un geste :

— Non, oh non, merci, ce n'est pas cela.

Je continuai :

— Quoi, alors? C'est une femme? Parle; il ne faut pas te gêner avec moi.

Cette fois encore, il eut un hochement de tête. Je commençai à m'étonner et je le regardai fixement.

A la fin, il se décida, s'assit, et, la tête baissée, avec un regard qui fuyait le mien :

— Monsieur, me dit-il, je viens accomplir auprès de vous, une démarche qui, peut-être, vous paraîtra bizarre, devant laquelle moi-même j'ai hésité longtemps, mais que je crois cependant de mon devoir de ne pas retarder davantage. C'est de ma mère qu'il s'agit.

Étonné de cette conclusion inattendue, je m'inclinai sans répondre, et j'attendis avec le plus vif intérêt la fin de ce petit discours évidemment préparé dans la rue.

Il continua, parlant d'une voix à demi éteinte et que son émotion visible secouait de hoquets par instants.

Tour à tour, il rappela sa toute jeune enfance, la mort de son père, et, tout de suite, son entrée précipitée dans le pensionnat de Sannois où il devait rester dix ans, reclus et presque abandonné, dans une mélancolie que le temps des vacances et les visites de la mère égayaient de rares coups de soleil, tout un poème d'enfance sensible et délaissée, que je connaissais aussi bien que lui.

J'écoutais toujours, silencieux, intrigué, me demandant où diable il voulait en venir, ouvrant des yeux de plus en plus larges à mesure qu'il entrait plus avant dans le récit, se montrait grand garçon déjà et parlait des rêveries étranges qui l'obsédaient pendant le silence et le recueillement des heures d'étude.

Brusquement, il s'interrompit, étouffa dans sa main un léger accès de toux, puis reprit de sa même voix blanche :

— Quand enfin, les études achevées, je pus rentrer à la maison, la première chose qui me frappa fut le changement considérable survenu en quelque mois de temps, aussi bien sur le visage même que dans le caractère de ma mère. Lors de mon dernier congé, je l'avais quittée gaie, jolie, presque jeune femme; je la retrouvai presque vieille, les tempes blanches, avec une expression de tristesse qui me donna une secousse au cœur, car j'ai toujours eu pour ma mère une véritable adoration. Deux ou trois fois je la surpris à pleurer; je l'interrogeai anxieusement, je n'obtins d'elle que des réponses vagues et des sourires qui m'attristèrent plus encore que ne m'avaient attristé ses larmes. Alors la tête me travailla, je cherchai, je voulus une explication. Et peu à peu, des rapprochements s'opérèrent, des coïncidences singulières, des détails déjà effacés à demi, où vous étiez mêlé, monsieur, vous dont la présence s'accouplait à mes plus lointains souvenirs, en qui je n'avais jamais vu jusqu'à ce jour que l'ami le plus ancien et le plus cher de ma famille, et dont la subite disparition, rapprochée d'une douleur que rien ne m'expliquait, éveillait brusquement en moi une idée tellement atroce que mon premier mouvement fut de m'aller jeter en pleurant aux pieds de celle que mon soupçon avait flétrie..

Il était devenu très pâle, les lèvres blanches comme de la cire, les paupières agitées d'un clignotement nerveux.

Il continua cependant :

— Ah! monsieur, si jamais un cauchemar abominable a hanté la pensée d'un homme et torturé sa fierté, c'est bien celui contre lequel je dus me débattre avec toute l'énergie de mon désespoir et sentir s'enfoncer plus cruellement en moi à chaque effort que je tentai pour le combattre, le terrasser, l'anéantir sous mes talons. Car j'eus le courage de le regarder face à face, et de lutter corps à corps avec lui.

Hélas! épargnez-moi, monsieur, l'extrême douleur d'aller plus loin; vous savez, aussi bien que moi-même, quels résultats devaient atteindre toutes ces luttes et devant quelles évidences je devais enfin désarmer, anéanti, brisé par le plus effroyable chagrin que puisse frapper un honnête homme. Monsieur, je n'ai pas à disculper ma mère; c'est à vous que je laisse ce soin; mais s'il ne m'appartient pas de vous demander ici compte de sa conduite, tout au moins puis-je vous demander compte de son bonheur, et c'est pourquoi je viens vous sommer de me dire, dès l'instant que vous avez été l'amant de ma mère, pour quelle cause vous avez aujourd'hui cessé de l'être.

Je vous disais en commençant que cette histoire était à peine vraisemblable : le moment me paraît venu de le redire.

Tout d'abord je ne compris pas, démêlant péniblement au fond de ce fatras tout à la fois touchant, maladroit et prétentieux, je ne sais quel héroïsme vague dont l'excessif me déroutait.

Mais brusquement je compris tout, et alors je restai comme idiotisé, l'œil écarquillé, la bouche bée, devant le monstrueux dévouement de ce fils, étouffant toute la révolte de son orgueil, pour reconquérir à sa mère l'amant parti qu'elle pleurait.

Enfin, je me remis un peu, et, doucement :

— Mon cher enfant, lui dis-je, ton extrême

jeunesse et aussi le bon sentiment qui te font agir, non seulement excusent, mais rendent presqu'admirable l'audace inouïe de ta démarche. Cependant je t'interromprai immédiatement : je n'ai jamais été l'amant de ta mère, je t'en donne ma parole d'honneur. Je l'aime profondément, c'est vrai, parce que c'est une femme pleine d'esprit et de cœur et dont j'ai pu en mille occasions apprécier le très grand mérite, mais sois sûr que je n'ai jamais été pour elle que son ami le plus sincère et le plus dévoué.

Alors il eut un petit sourire dont l'amertume me fit mal :

— Oui, dit-il simplement, je sais, je m'attendais à cette réponse, la seule que votre compassion pût vous dicter ; mais vous pensez bien, n'est-ce pas, que je ne serais pas allé m'aventurer dans une démarche semblable, sur la foi de pures suppositions. Soyez tranquille : si j'agis comme je le fais, c'est parce que je n'ai même plus, hélas, la triste consolation du doute. Dois-je vous montrer les lettres signées de vous que j'ai prises cette nuit à ma mère ?

Je n'avais plus rien à répondre.

Je dis :

— C'est bien.

Et je m'inclinai, dans l'attente d'une conclusion.

Lui, garda un instant le silence, puis comme je persistais à me taire :

— Eh bien, monsieur, fit-il, voici : quand on a commis la malhonnêteté de déshonorer une femme de bien, on a du moins cette probité de ne pas faire son désespoir après avoir causé sa chute, et de ne pas l'abandonner lâchement dans son isolement et dans ses remords. Que vous a donc fait ma mère, pour que vous la trahissiez ? Quels reproches pouvez-vous élever contre elle ? Qu'a-t-elle fait d'autre que de vous tout sacrifier, de vous aimer plus que tout et mieux que tout ? Ah ! tenez, ce que vous faites là est indigne, c'est une mauvaise, mauvaise action, dont vous aurez à vous repentir toute votre vie...

Une violente émotion le gagnait ; ses paroles tombaient de sa bouche par saccades, tandis que ses yeux, peu à peu, se gonflaient de larmes contenues.

Et brusquement, il éclata en sanglots, criant :

— Ma mère est une honnête femme ! Ma mère est une honnête femme !

J'étais bouleversé. Je m'exclamai :

— Eh ! parbleu, je le sais bien, que ta mère est une honnête femme !

— Alors, fit-il, subitement calmé, pourquoi agissez-vous ainsi, si ce n'est parce que vous-même vous êtes un malhonnête homme ?

— Ah ! mais, m'écriai-je, pardon ! voici qui devient un peu raide, et vous êtes heureux de n'être qu'un enfant. Qu'est-ce que vous venez réclamer, après tout ? Vous arrivez dans l'intention de me reprendre par la main et de me ramener, repentant et contrit, entre les bras de votre mère. En vérité, vous ne paraissez pas vous douter que si vous aviez seulement deux ans de plus, votre conduite serait tout simplement odieuse. Eh bien, parfaitement, c'est vrai, j'ai été l'amant de votre mère, je l'ai été pendant seize ans — en quoi je ne vous apprends rien, puisque vous avez poussé l'indiscrétion jusqu'à fouiller dans ses papiers — et si aujourd'hui je ne le suis plus, c'est parce que j'ai, pour ne plus l'être, des raisons dont je suis seul juge, et dont vous devriez, d'ailleurs, être le dernier à vous mêler. En voilà assez à la fin!

Là-dessus, ne le voilà-t-il pas qui se lève et s'avance sur moi, la main haute!

Heureusement, je vis le mouvement, j'arrêtai le soufflet au passage et je saisis mon gamin au poignet en me retenant à toute ma raison pour ne pas lui tirer les oreilles d'importance :

Il criait :

— Oui, vous êtes un lâche; vous êtes un misérable et un malhonnête homme, et je vous souffletterai en pleine rue, si vous refusez de vous battre avec moi!

— Ah! dis-je alors, c'est très bien; c'est un duel que vous voulez, à ce que je vois? Hé bien, mais mon cher, battons-nous, qu'est-ce que vous voulez que je vous dise!

Et, en effet, nous nous battîmes; nous nous battîmes le surlendemain dans les bois de Montmorency; ce fut une chose ridicule et à la fois presque tragique. Me voyez-vous en face de cet enfant à peine fait, qui présentait à mon épée une poitrine et des bras de fillette!

Ah! je m'en souviendrai, de celle-là, sacristi!

Je tremblais comme une feuille au vent, pensez donc, avec cet espèce d'enragé qui tapait à droite et à gauche et se fendait sur mon fer, comme un fou.

C'est un miracle si j'ai réussi à ne pas le tuer.

Enfin, tout finit pour le mieux, et je lui fis au doigt une piqûre qui mit fin à ce combat grotesque.

Pauvre bon petit être, si je lui avais fait le moindre mal, je crois que je le pleurerais encore.

FIN DES FEMMES D'AMIS.

OMBRES ET SILHOUETTES

LE CANOT

En ce temps-là, elle et moi, nous filions le parfait amour, retirés du reste du monde, comme deux anachorètes, dans notre petite maison de Gravelle-Saint-Maurice.

Retirés du monde, ai-je dit, et tu sais si le

mot est juste! C'est tout au plus si nous te voyions toi-même une fois ou deux chaque mois, car la paresse de te lever à neuf heures t'a valu bien souvent, en place du grand calme que tu eusses trouvé près de nous, un dimanche de poussière et de vacarme au milieu des démolitions du boulevard Saint-Germain que tu habitais alors.

Pourtant, comme tu ne pouvais guère plus te passer de nous que nous pouvions nous passer de toi nous-mêmes, tu te décidais de temps en temps à t'arracher de cette torpeur dont s'amusait tant la pauvre petite morte, et à venir nous surprendre à l'heure du déjeuner au milieu de notre solitude.

« C'était bien parce que c'était nous, » comme tu le disais en te faisant valoir; peut-être était-ce bien aussi parce que tu savais ressentir et apprécier mieux que tout autre ce charme qui ne ressemble à rien, cette poésie subtile et particulière de la banlieue parisienne.

Nous te recevions, mon cher ami, avec une grande modestie.

La sauvagerie du pays en était cause.

C'est à peine si, en pressurant l'unique boucherie et les deux fermes de l'endroit, elle parvenait à réunir une demi-douzaine d'œufs frais et quelques côtelettes minuscules, sur l'opulence desquelles tu voulais bien t'extasier. Il est vrai que tu te rattrapais sur le café dont tu étais fort amateur et qu'elle réussissait, il faut le dire, en véritable artiste.

Puis, le vrai charme de ces repas, n'était-ce pas notre salle à manger elle-même, au premier et unique étage de la maisonnette ? Lorsqu'on y entrait au sortir de ce corridor sombre qui aboutissait à l'escalier, on demeurait un instant sur le seuil, comme ébloui de cette clarté d'atelier que rendait plus intense encore le fond vert tendre du papier dont était tapissé le mur. On n'y avait pas fort ses aises, mais notre intimité ne s'en trouvait que mieux; il semblait que l'étroitesse même du lieu, où, pour peu que l'on fût cinq à table, on commençait à se sentir les coudes, lui donnât à elle ses coudées plus franches. Tu exigeais que quelque temps qu'il fît la croisée en restât ouverte, et je me gardais bien de contrarier en rien cette innocente fantaisie. D'ailleurs la vue en était charmante, du paysage à n'en plus finir, des arbres et encore des arbres avec de larges échappées de jour par où apparaissaient des bouts de murailles blanches, des encoignures de toitures rouges, et, là-bas, comme rideau de fond, des entassements de peupliers gigantesques derrière lesquels on pressentait la Marne.

Margot t'aimait beaucoup, tu le sais, et elle n'eut jamais contre toi qu'un seul sujet de mécontentement : tes éternelles taquineries à l'endroit de son jardinet, de ses pétunias qui ne donnaient pas de fleurs et de ses fraisiers qui ne donnaient que cela.

Même il paraît, à ce qu'elle m'en disait un jour, que tu avais à ce propos de petits sourires sournois et moqueurs, juste assez perceptibles pour qu'elle les devinât et qui avaient le don de l'exaspérer. N'aie point de remords trop cuisants, mon cher ami, pour avoir causé de ces petits chagrins momentanés à cette chère et fine créature dont nous ne conservons plus aujourd'hui que le souvenir ; elle te les avait elle-même pardonnés bien volontiers en faveur de tout l'esprit et de tout le cœur qu'elle avait reconnu.

* *

Ainsi que je te le rappelais quelques lignes plus haut, il t'arriva plus d'une fois de nous fausser compagnie, et c'est justement un de ces dimanches-là où tu avais préféré la société de ton lit à celle de tes vieux camarades qu'arriva l'anecdote suivante, tellement simple et tellement vide, que je me demande en te l'écrivant pourquoi diable je me donne la peine de te la narrer, et pourquoi surtout je te donne à toi celle de la lire.

Quoi qu'il en soit, nous t'avions attendu ce jour-là toute la matinée; il y avait trois semaines au moins que l'on ne t'avait vu et bien que tu ne pris jamais le soin de nous prévenir, nous comptions à peu près sur toi.

Vers midi et demi, de guerre lasse, nous

finîmes par nous mettre à table, mais sans appétit, agacés, en proie à cette sorte d'énervement inquiet qui accompagne toujours une déception. Avec cela, il faisait un temps blanc d'octobre, un immense ciel mat boursouflé de gros nuages et qui donnait au vert des peupliers une tonalité noirâtre. Dois-je l'attribuer à cette première apparition de l'automne ou simplement à la frustration du plaisir qu'elle s'était promis, toujours est-il que Marguerite ne soufflait mot, tournait déplorablement au noir.

Ce mutisme encourageait le mien; une atmosphère de gêne flottait entre nous. Bien que cet isolement absolu auquel nous nous étions condamnés fût cher à notre affection et qu'elle s'y complût au mieux, nous n'étions pas fâchés cependant, quand tu venais, ne fût-ce que quelques heures, en rompre la monotonie, et cette pensée que nous nous devinions mutuellement, jetait entre elle et moi un embarras glacial. Marguerite, très visiblement agacée et renversée en arrière sur sa chaise, lançait l'une sur l'autre au plafond les bouffées bleues d'une cigarette dont elle cassait la cendre au bord de sa soucoupe; moi, plus calme, avec une indifférence apparente, j'arrosais de filets réitérés de cognac un lit de sucre fondu resté au fond de ma tasse, mais machinalement, tu le devines, la pensée à cent lieues de là, réfléchissant à ce que serait cet interminable après-midi écoulé dans un tête à tête sur lequel je ne comptais pas, flairant cette journée d'épouvantable ennui, de malaise indéfinissable où l'on resterait volontiers sur le dos, sans mouvement pendant des heures, les mains jointes à plat sur les yeux et les pieds plus haut que la tête soutenus par la barre du lit.

Cette perspective m'effraya à tel point que brusquement je me levai, mettant en fuite cet essaim de papillons noirs qui commençait à tourbillonner devant mes yeux.

— Au fait, dis-je, nous avons le canot.

Elle accepta immédiatement, comme elle eût accepté, d'ailleurs, toute autre proposition, heureuse surtout d'en avoir fini avec cette position fausse et de voir un but à cette journée manquée. En deux coups de mains la table fut desservie, la nappe enlevée, la vaisselle reléguée sur le fourneau de la cuisine, et Margot, debout devant la glace, épinglait déjà son chapeau.

Un tour de clé et nous voilà partis, gagnant la Marne à travers champs, enfonçant à chaque pas dans les terres pâteuses et grasses toutes détrempées encore des pluies violentes de la semaine. Le temps se maintenait incertain et selon toutes prévisions la journée s'écoulerait ainsi, sans une goutte de pluie, sans une éclaircie de soleil. A l'horizon seulement, dans la direction de Paris, le ciel se modifiait un peu, prenait une blancheur presque éblouissante.

Elle s'était emparée de mon bras et nous marchions côte à côte sans nous presser, elle, vêtue d'un peignoir rose qui ne la quittait à peu près pas, moi couvert d'un chapeau de jonc qu'enrubannait une ficelle rouge. Elle avait repris toute sa gaieté, tout son entrain, toute sa gaminerie, riant de tout, s'amusant de rien, pensant bien moins à toi, je te le jure, qu'à aplatir sous ses talons d'autres marguerites plus fragiles, dont le rose pâle, un peu passé, égayait autour de nous la grande monotonie du vert. Quelle étourdie ! un moment vint où je dus la saisir par le bras et l'arrêter court. Sans même qu'elle s'en fût aperçue, nous nous étions avancés si près de la rive qu'une mince lame d'eau se déplaçant venait de s'échouer sur le bout de sa bottine.

*
* *

Alors seulement elle se décida à regarder.

La Marne coulait à nos pieds, très large à cet endroit, promenant les chapelets d'une mousse légère et blanche et venant se briser doucement contre le ventre de la petite barque que le courant avait repoussé le long de la côte.

On y arrivait à l'aide de quelques pilotis de bois à demi pourris et dont les têtes émergeaient de l'eau. Margot, craintive, risqua un pied, moi j'avais abordé déjà, et, debout, je lui tendais les bras pour faciliter sa descente :

— Embarque, mon mignon, embarque !

Hésitante, elle souriait, demeurait un pied en avant sans oser aventurer l'autre, persuadée que dès le pas qu'elle allait faire l'échafaudage croulerait sous elle !

— Saute donc, poltronne, saute donc.

Brusquement elle se décida, elle eut un mouvement d'élan, se lança toute trébuchante, franchit le bord et tomba dans le canot toute assise.

Je lui criai :

— Bravo, hurrah !

Elle riait, battait des mains comme une enfant, fière de son héroïque courage. Le canot était déjà loin, et, rejeté au large d'une poussée prenait peu à peu le courant. En trois coups de rames, il fut lancé.

— Oh ! dit-elle, passe-moi les rames.

— Tout à l'heure.

*
* *

Elle eut une moue légère, mais qui ne dura pas, et le splendide panorama qui se déroulait autour de nous parut bientôt l'absorber tout entière.

De chaque côté la rive filait, accidentée, là paraissant presque de niveau, émergeant de l'eau dans une pente insensiblement douce, puis se redressant tout à coup, remblai à pic dont le jour éclairait la crête d'une ligne de vert tendre. La Marne conservait son calme et son admirable limpidité, reflétait les nuages en clair, avait au loin des clapotements sourds, des sauts de grenouilles effarouchées, plongeant la tête la première. De longues traînées s'y poursuivaient, à leur aise, sans se presser, des enchevêtrements jaunâtres, pourris, tordus, raccolés de droite et de gauche aux bouches des écluses et d'où montait une vague odeur d'herbages humides, confondue dans le souffle de fraîcheur qui s'élevait de plus en plus sous la rapidité de notre course. A mille mètres en avant de nous, la Marne faisait un coude brusque et subitement disparaissait dans un immense bouquet de feuillages que de hauts frênes dominaient et où l'œil percevait encore la note blanchâtre des saules. Puis, au-dessus de tout, le ciel, d'une blancheur presque uniforme, pommelé à peine et percé tout à coup d'une éclaircie bien tendre égarée sans qu'on sût comment au milieu de cette lourdeur mate. Peu à peu le canot déviait, changeait de ligne, et maintenant nous côtoyions presque, nageant à trois mètres du bord, coupant court dans les îlots de joncs dont les hautes têtes s'abattaient sur notre passage avec un bruissement de feuilles mortes, écartant des écueils de nénuphars que couronnaient des fleurs épaisses d'un blanc de porcelaine.

— Passe-moi les rames, dit Marguerite.

Elle était assise en face de moi, retenue des deux mains à la banquette du canot, les genoux écartés et les jambes étendues en sorte que nos pieds se touchaient.

Son peignoir de percale rose toute unie, ainsi que je te lisais plus haut, était garni de bouillons aux manches et au cou et sur le devant étroitement fermé par une suite de nœuds défraîchis qu'encadrait une large dentelle. Elle, pour se mieux mettre à l'aise, venait de le dégrafer du haut, si bien qu'il bâillait maintenant avec un parfait sans-gêne et d'une façon d'autant plus piquante qu'il y mettait encore une sorte de discrétion. En outre elle s'inclinait légèrement contre l'oppressement du grand air qui venait la frapper de face, et cela laissait voir une bonne partie de sa gorge que le reflet de l'étoffe rosissait doucement.

— Passe-moi les rames, dit Marguerite.

* * *

Ici se place, mon cher ami, quelque chose d'un caractère absolument particulier, devant lequel l'auteur reste embarrassé, et qu'il ne peut toutefois se décider à passer sous silence, sous peine de retirer à ce récit son seul côté un peu piquant.

La scène à faire ? comme dit l'autre.

Hélas ! oui, et même d'autant plus redoutable que je suis loin de posséder ton exquise souplesse de main. Dans ces conditions, mon cher, fais retirer ces dames s'il y en a; pour toi qui viens d'achever ton volontariat, je te crois en état de tout entendre.

Tu me fis un jour le pari de me réciter d'un bout à l'autre et sans en sauter une lettre le roman de l'Impeccable poète, *Mademoiselle de Maupin*. Tu te rappelleras donc sans peine le passage où D'Albert prend sa maîtresse Rosette, en robe de bal, au milieu des lumières et des fleurs du salon.

Lorsque Margot, pour la troisième fois, avec sa persistance d'enfant gâtée, eût réclamé les rames du canot, je ne sais quelle idée diabolique me passa par la cervelle, quel désir fou me vint de la posséder, en plein air, à la face de toute la nature.

Cela fut tellement soudain et en même temps tellement intense qu'il me courut comme un voile devant les yeux, et qu'il se forma instantanément dans ma mémoire une solution de continuité, une sorte de vide qui ne se comblera jamais.

Cependant cela dut être fort court.

⁂

Quand je revins à moi, j'étais debout au milieu de la barque ; Marguerite, la bouche grande ouverte et les yeux aussi grands que la bouche, indice d'une immense stupéfaction, était renversée en arrière, à plat sur la paume des mains, les jambes en l'air retenues par l'étroite banquette où je venais de la voir assise, montrant le pantalon tuyauté, les jarretières bleues, les bas à jour.

Elle demeura un instant sans mouvement, comme tuée de stupéfaction, puis brusquement elle se releva, rouge de colère.

Je ne te ferai pas assister, crois-le bien, aux disgracieuses paroles qui profanèrent alors cette bouche délicate. Sache seulement que cela dura cinq grandes minutes, montre en main, avec détails, annotations et renvois aux bas de la page, sans qu'il me fût possible de placer un seul mot.

Le plus bizarre de l'affaire, c'est qu'elle n'y avait vu absolument que du feu. L'attaque avait été si prompte, si imprévue, qu'elle n'avait même pas eu le temps d'en rechercher la raison et le pourquoi, et qu'elle ne comprit enfin qu'en reconnaissant dans mes yeux ce regard étrange et affolé qui ne lui était pas inconnu.

Alors elle s'arrêta court, elle me cria : « Non! » en plein nez et me tourna le dos purement et simplement, tandis que je restais avec ma courte honte et mon air niais d'interloqué.

Elle s'était rassise, ronchonnant, réparant par des tapes le désordre de ses jupes, quand tout à coup, redevenant souriante, et avec cette chatterie de voix qu'elle savait si bien prendre à l'occasion :

— Les rames d'abord, dit Marguerite.

. . . .

Quand nous rentrâmes dans notre petite salle à manger, nous n'avions faim ni l'un ni l'autre. Les dernières lueurs du crépuscule nous surprirent à table encore, sans lampe, accoudés devant nos assiettes vides, aspirant ces effluves du soir qui parvenaient jusqu'à nos tempes par les fenêtres restées ouvertes toute la journée. Dehors la nuit calme tombait, s'étendant sur la campagne morne, noyant d'une brume diffuse les cîmes des hauts peupliers. Et nous percevions par moments, à demi étouffées, les bribes d'une symphonie de Mozart qu'exécutait non loin de là une main de femme sur un clavecin.

―――

MOUVEMENT DE VALSE

MOUVEMENT DE VALSE

I

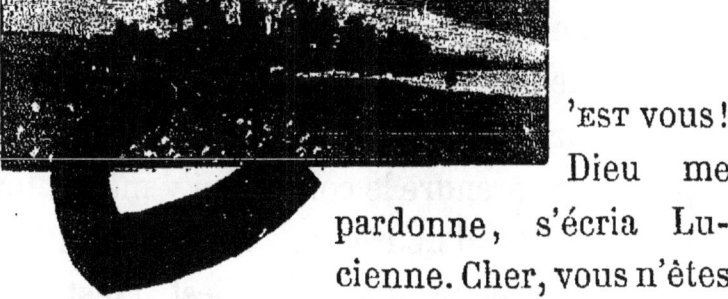
'EST VOUS ! Dieu me pardonne, s'écria Lucienne. Cher, vous n'êtes donc pas mort encore ?

— Si fait, dit-il gaiement, si fait ! Il y a au moins six semaines.

— Et vous êtes sorti de la tombe ?

— Uniquement pour vous venir demander à dîner.

Alors, sans trop savoir pourquoi, elle eut un

joli rire perlé de femme contente; elle s'empara de son bras, et, doucement, ils descendirent vers le jardin, le long d'une interminable bordure de géraniums.

— Ça, disait Lucienne, c'est gentil ; c'est bien gentil à vous, Fabrice.

Lui s'épongeait le front, soufflait.

— Oui, oh oui ; c'est assez gentil, et aussi pas mal courageux : Dieu que c'est loin et qu'il fait chaud !

Mais elle défendit son bien :

— Loin ? Chenevières ? Quarante-cinq minutes de chemin de fer, montre en main !

— Parfaitement, et une heure de marche pour aller prendre le convoi qui y mène : total, sept quarts d'heure de voyage ; on va à Rouen en moins que cela. C'est l'histoire de toutes les banlieues, ma chère amie : un mythe la banlieue ! un leurre, la banlieue ! une attrape-nigaud, la banlieue !

Lucienne, amusée, souriait.

Bien qu'il fût tout près de trois heures, elle n'était point habillée, vêtue seulement en chez soi, d'une matinée blanche rehaussée de vieil or, passée au sortir du bain, et dont la traîne, derrière elle, frôlait le sable fin de l'allée. Lui, élégant, ganté de clair, était fleuri d'une rose blanche achetée à Paris, au départ. Et, ainsi, ils étaient charmants, marchant côte à côte, tout proches, sous ce coup de soleil terrible de juillet, mettant leur élégance raffinée de Parisiens dans ce coin de banlieue parisienne, et semblables à quelqu'une de ces mondainetés exquises que signent Heilbuth ou Ballavoine.

Brusquement il demanda :

— Eh bien, mais au fait, et Gaston ?

— Gaston, mon cher, est en voyage, parti cette semaine, pour quinze jours.

— Ah! dit-il.

Il baissa le nez.

Ça lui faisait un drôle d'effet, cette nouvelle, une très étrange impression, faite de vague inquiétude et, à la fois, de joie sournoise.

Depuis longtemps — c'était même là la raison pour laquelle il les venait voir si rarement — depuis longtemps il savait bien que son affection pour Lucienne n'était pas l'affection banale due à la femme de l'ami, et qu'il y avait un motif pour que sa sensualité d'homme blasé s'éveillât aussi violente, sous une simple pression de doigts, un regard ou un sourire d'elle. Ce sentiment, point impérieux encore, il pouvait, certes, à la rigueur, et en présence de Gaston, le dominer et s'en rendre maître par un effort de volonté et d'énergie, mais il sentit que, dans ces conditions, les choses n'étaient plus les mêmes, et il devint anxieux et inquiet à la pensée d'une journée entière s'écoulant dans un redoutable tête-à-tête, sous l'abri discret de ces arbres dont l'ombre épaisse allait jeter autour d'eux une si étroite intimité. Au fond, il comprenait que la lutte serait dure, et que son amitié pour Gaston, quelque sincère qu'elle pût être, allait sans doute peser bien peu dans sa loyauté un peu large de viveur usé et sceptique.

— Cela vous fâche, fit Lucienne que son silence surprenait, de faire la dînette avec moi?

Fabrice sentit qu'il se coupait :

— Quelle idée, dit-il, au contraire ; je vous ferai la cour !

— Je l'espère bien !

En marchant devant eux, au hasard, ils étaient arrivés au sommet de la terrasse, et ils s'y reposèrent un instant, près l'un de l'autre, accoudés à même le mur bas, entre deux larges vases de fonte où se mouraient les derniers iris de l'année. Sous leurs yeux à perte de vue, s'étendait l'immense embrassée de la campagne, les longues plaines en branches d'éventail accolant au vert vif des récentes poussées le brun sombre des terres retournées fraîchement, tandis que là-bas, dans l'horizon, des forêts touffues s'indiquaient, d'une ligne bronzée, presque éteinte. Lucienne, très indifférente, enveloppait de son regard vague, voilé d'ennui, ce spectacle dont la grandeur lui échappait un peu.

Elle disait :

— Ces maisons, là-bas, devant vous, c'est La Varenne, vous voyez? Au loin, tout au loin, à droite, c'est Sucy. Oh ! nous sommes très bien ici ; la Marne passe au bout du jardin, le bain en pleine eau chez soi-même, voilà une chose précieuse :

Fabrice hochait la tête :

— Oui, oui.

Et il s'abandonnait doucement, cédait au charme exquis de cet isolement à deux que semblait rendre encore plus grand la mélancolique solitude de la plaine....

II

Le soleil s'était couché, rouge, dans une apothéose d'or vif dont l'éblouissement avait allumé toute la chambre d'une immense lueur d'incendie ; puis, sous la tombée croissante de la brune, les braises de l'occident s'étaient éteintes l'une après l'autre ; il y avait eu, pendant quelques instants, comme une lutte grandiose et désespérée, une formidable invasion de nuages lourds, crevés, de ci et de là, de brusques échappées, et dont de magiques empourprements embrasaient encore les crêtes, plus rien, enfin, qu'une teinte sombre où s'allongeaient encore, à peine perceptibles, de minces traînées orangées : et, lentement, la nuit s'était faite, enveloppant le parc désert de son mystérieux assoupissement.

— Tenez, dit Lucienne très gênée, je vais vous jouer du piano, voulez-vous ?

Fabrice s'inclina sans répondre. Elle s'assit, ouvrit l'instrument et préluda, puis brusquement, sans lumière, de souvenir, elle commença la valse du *Danube bleu*, la valse chère à Fabrice.

Une lueur flottait encore, vague, indécise, appâlie par les rideaux sombres de la fenêtre, et semant aux angles de la chambre la douce et mystique tristesse des agonies de jour mourant. Du coin obscur où, pour l'entendre, il s'était mis, perdu en un vaste fauteuil d'une autre époque, il écoutait, la gorge pressée, distinguant parmi toute cette ombre la silhouette blanche de Lucienne, et sa main qui courait, légère, sur la ligne blême du clavier. Sur le sol, la traîne trop longue de son peignoir enveloppait ses pieds comme d'un flot de mousse et ainsi elle jouait, divinement, et avec un art infini, sans oppositions et sans effets cherchés, nuançant chaque motif, chaque phrase, chaque mesure, de finesses presque insensibles et que seule pouvait percevoir

son âme suprêmement artistique de femme.
Les motifs défilaient les uns après les autres,
et, dans le mouvement arrondi de la valse,
c'étaient de longs et maladifs alanguissements, des bercements assoupis et calmés
où revivait la vaporeuse poésie des paysages de Bohême : les chœurs en plaine,
au soir tombant ; les matinées calmes et
sereines, quand une brume de beau temps
voile d'une gaze transparente de disque rose
du soleil et le fond lilas clair des nues, et la
nappe du Danube, coulant, éternellement
bleue, entre les ruines effondrées des manoirs
et des abbayes. Lui, immobile, invisible, écoutait, affolé de cette solitude, comprenant qu'il
devait être pâle, affreusement pâle, et serrant,
de ses mains convulsives, les bras maigres de
l'antique fauteuil.

Mais tout à coup, derrière elle, Lucienne eut
la sensation qu'il s'était levé et que, doucement, il s'approchait. Elle ne bougea point
cependant, comme si l'inexprimable angoisse
qui s'empara de son âme lui eût ôté toute
initiative et toute force ; elle demeura, droite

et svelte, dans sa blancheur nuageuse d'apparition, la tête vide et à la fois pleine d'un grand trouble, sentant venir sur elle, imminent, le danger longuement prévu.

Et elle ne cessa point son jeu, quand, sur la chute de ses épaules frémissantes, elle sentit, comme une caresse imperceptible, deux mains s'apposer, tremblantes, deux mains dont la chaleur de fièvre perçait l'étoffe légère de son vêtement.

Un moment ils restèrent ainsi ; lui dans l'extase de cette première possession, elle les yeux clos, sans volonté, gagnée. Sous ses doigts, au piano, la valse, peu à peu, s'éteignait, devenait comme une insensible vibration, comme sous une bouffée d'air, le frémissement d'un cristal très fin.

Subitement, tout se tut. Alors, les mains immobiles et effleurant encore l'ivoire du clavier, alors elle leva la tête, et sans se voir, à cause de la nuit devenue très profonde, ils se regardèrent infiniment.

— Oh ! murmura-t-il tout bas, la valse aimée jouée par la femme aimée !

Et brusquement sans même savoir comment cela s'était fait, ils se trouvèrent l'un à l'autre, dans le suprême enlacement des lèvres et des bras.

— Allez-vous-en, dit Lucienne, allez-vous en... Je vous céderais !

Pourquoi fût-ce lui qui céda? Pourquoi écarta-t-il de lui, brutalement, cette possession qui s'offrait ainsi d'elle-même ? Peut-être bien s'éveilla-t-il, en son âme usée de débauché, le dernier cri des anciennes délicatesses et des puretés expirantes ; peut-être aussi, dans ce renoncement à la femme qui s'abandonne, trouva-t-il, réellement terrible et violente, la seule sensation nouvelle où pût encore se complaire son âme usée de débauché.

UNE MAISON TRANQUILLE

UNE
MAISON TRANQUILLE

Je m'en vais, pour la première fois de ma vie, dire quelque chose d'extraordinaire : il y a, en le petit village d'Écoute-s'il-Pleut (Seine-et-Marne), une fauvette qui reçoit le *Gil Blas*.

Parfaitement, vous avez bien lu, cette fauvette reçoit le *Gil Blas*.

Elle le reçoit sur la tête, c'est vrai, mais enfin elle le reçoit tout de même.

La chose mérite une explication, et l'explication la voici. Vous allez voir, c'est très touchant.

* * *

Figurez-vous que cette petite bête eut le malheur, ces temps derniers, de faire une mauvaise connaissance. Tranquillement, sans songer à mal, elle revenait de prendre sa leçon de chant, quand avec un effroi, d'ailleurs bien légitime, elle s'aperçut qu'elle était suivie.

Il y a des malhonnêtes gens partout, même dans le monde des fauvettes.

A l'oreille de la pauvre petite, une voix, qui s'efforçait d'être engageante, chantait :

> Mad'moiselle, écoutez-moi donc,
> Vous me fait's l'effet d'une assez bonne fille ;
> Mad'moiselle, écoutez-moi donc,
> Si vous êt's bonn'fill', moi, j'suis b n garçon.

La petite fauvette répondit aussitôt avec une indignation mal dissimulée :

Non, monsieur, je n'vous écoute pas,
Je suis un' fauvette de bonne famille;
Non, monsieur, je n'vous écoute pas,
Vous perdez vot' temps, vot' peine et vos pas.

Le suiveur continua :

Mad'moiselle, écoutez-moi donc,
Il n'faut pas comm'ça se monter la tête ;
Mad'moiselle, écoutez-moi donc,
Y n'faut pas comm'ça s'monter l'bourrichon.

A quoi la petite fauvette répliqua sévèrement :

Non, monsieur, je n'vous écout'pas,
Je suis un'fauvett'pauvre mais honnête;
Non, monsieur, je n'vous écout'pas,
J'ai r'çus des princip's et je n'en sors pas.

Le suiveur n'était pas de ceux qui se découragent pour si peu de chose.

Il reprit avec entêtement :

Mad'moiselle, écoutez-moi donc,
On n'court pas comm'ça, tout'seul' dans la rue;
Mad'moiselle, écoutez-moi donc,
C'est très imprudent d'sortir sans chap'ron.

La petite fauvette, pour le coup, se mit tout de bon en colère.

> Non, monsieur, je n'vous écout'pas,
> Je suis un'fauvette, je n'suis pas un'grue;
> Non, monsieur, je n'vous écout'pas,
> Et j'appelle au s'cours si vous fait's un pas !

Tout cela devait finir par un cataclysme.

* *

La petite fauvette, qui avait un fond de vice malgré sa bonne éducation, protesta de moins en moins haut, jusqu'au moment où elle ne protesta plus du tout.

Sur quoi l'aimable suiveur lui offrit de la mettre dans ses meubles.

Elle était bête, la petite fauvette, mon Dieu oui, c'est fort regrettable à confesser, mais elle était bête comme une oie. Elle accepta pour argent comptant les propositions du jeune drôle, lequel, naturellement, s'empressa de la planter là, après avoir abusé lâchement de sa jeunesse et de son inexpérience.

C'est comme cela depuis que le monde est monde, et cependant, tant qu'il continuera à l'être, il y aura de petites fauvettes assez nigaudes pour se laisser mettre dedans.

*
* *

Bref, restée seule avec son déshonneur et une grossesse avancée, et n'osant pas retourner chez sa mère par peur de recevoir des calottes, la petite fauvette alla cacher sa honte dans la boîte à journaux que M. de Brossarbourg, maire d'*Écoute-s'il-Pleut* (Seine-et-Marne), a clouée entre deux barreaux de la grille de son jardin.

La petite fauvette se plut tout de suite dans son nouvel appartement.

Mon Dieu, ce n'était pas très vaste et c'était éclairé d'en haut à la manière des mansardes, mais le souvenir de Jenny l'ouvrière l'aida à faire bon marché de ce léger inconvénient. Le principal, c'était l'extrême sécheresse du local et la certitude pour sa petite famille de n'être pas trempée quand il tomberait de l'eau.

En conséquence, elle procéda à sa modeste installation, et ceci fait, elle fit ses couches, qui furent heureuses à souhait.

Le lendemain, couchée, les ailes étendues, sur une demi-douzaine d'œufs qu'elle couvait avec amour, elle songeait, et non sans angoisses, à l'avenir de ses nouveau-nés, quand tout à coup elle jeta un grand cri : une lourde masse venait de pénétrer chez elle, par la lucarne, et de lui tomber sur le dos, en même temps qu'une obscurité profonde envahissait son domicile.

C'était le facteur rural d'Écoute-s'il-Pleut (Seine-et-Marne), qui venait de jeter le *Gil Blas* dans la boîte à journaux de M. de Brossarbourg.

*
* *

La première frayeur passée, la petite fauvette songea à se débarrasser de ce journal essentiellement littéraire mais qui, pour le moment, l'empêchait d'y voir clair et lui tenait épouvantablement chaud.

Elle se mit donc, à grands coups de bec, à attaquer la chronique de M. Henri Fouquier, dont l'impeccable logique s'en alla morceau par morceau; puis elle déchiqueta sans pitié la prose si bien sentie de Silvestre, après quoi Paul Arène se vit réduit en miette et Paul Ginisty en poussière.

Ceci fait, elle put respirer, et déjà elle reprenait un peu de calme, quand brusquement elle jeta un second cri, battant des ailes, affolée, aveuglée d'un flot de lumière vive.

C'était M. de Brossarbourg, maire d'Écoute-s'il-Pleut (Seine-et-Marne), qui ouvrait sa boîte à journaux pour y prendre le *Gil Blas*.

* * *

Alors, la petite fauvette commença tout de même à trouver que si son logement était irréprochable au point de vue de la sécheresse, il laissait fort à désirer au point de vue de la tranquillité.

La perspective de recevoir alternativement les visites du facteur rural d'Écoute-s'il-Pleut et celle de M. de Brossarbourg, lui causa donc les plus cruelles appréhensions, d'autant qu'elle ne partageait pas les opinions politiques du *Gil Blas*, et que d'autre part, relevant de couches, elle se trouvait dans une situation excessivement embarrassante vis-à-vis de M. de Brossarbourg.

Et pourtant, que pouvait-elle faire, je vous le demande ?

Déménager ? Il n'y fallait même pas songer, sous peine d'abandonner toute sa progéniture, et elle ne s'arrêta pas à cette pensée, préférant encore aux lâchetés de l'abandon les inconvénients d'une maison bruyante.

Et c'est ainsi que depuis quelques jours la petite fauvette reçoit le *Gil Blas* et que chez M. de Brossarbourg, maire d'Écoute-s'il-Pleut (Seine-et-Marne), on en est réduit à lire entre les trous les chroniques impeccablement logiques d'Henry Fouquier, les contes bien sentis de Silvestre et les articles de Ginisty.

L'ŒIL DE VEAU

L'ŒIL DE VEAU

Ce n'est pas absolument d'hier; cela remonte bien, tout compte fait, à une bonne douzaine d'années ; — allons, allons, pas de coquetterie : mettons en quinze et n'en parlons plus ! — et pourtant je me vois encore, pauvre potache maigre et anémique déjà, dont la veste façon

Sainte-Barbe, faisait une gouttière dans le dos, pleurant comme un veau dans la salle des départs et révolutionnant, de ma douleur bruyante, tout le personnel de la gare.

Partagé entre le désespoir du retour et la joie de me savoir quinze sous dans ma poche, je me sens encore sous le bras le paquet ficelé de la main maternelle, contenant des chaussettes de laine, des souliers neufs, des galoches pour l'hiver ! J'entends les coups de sifflet et les volées de cloche, puis c'est les poursuites affolées d'un bout à l'autre de la gare, la précipitation des dernières embrassades, les bousculades et les encombrements aux portes des salles d'attente. Ma mère se tient à quatre pour contenir ses larmes, mon père me crie : « Ne perds pas ton billet! » Quelqu'un qui passe dit :

— Pauvre gosse !

Ah le sale temps ! les mauvais souvenirs ! et comme Vallès a raison d'exécrer les heures de collège !

Ça n'est jamais gai, le collège ; le collège de province surtout.

Je suis payé pour le savoir.

C'est, la plupart du temps, un vaste bâtiment, triste comme l'automne et sale comme un peigne. Les petits commerçants de la ville en sont généralement fiers, et généralement aussi il n'y a pas de quoi. On le débarbouille un fois l'an, pendant le temps des grandes vacances, ce qui fait qu'au retour des élèves il pue sur toutes les coutures la peinture fraîche et le mastic : odeur à laquelle vient se mêler l'odeur fade de l'abondance et des équivoques bouillons gras, qui monte sournoisement de la cuisine, flotte en tout temps le long des corridors et des escaliers des bahuts de province.

J'ignore pourquoi, mais cette manière de retapage donne une recrudescence à la tristesse du retour.

Et puis, c'est comme un fait exprès, il pleut presque toujours le jour de la rentrée. Or, je ne sais rien au monde de plus désespérant, de plus navrant, de plus lamentable, qu'un trou de province le soir, par une de ces pluies fines et persistantes que le funèbre ciel d'octobre semble vomir avec la mort. Je me rappelle les trajets de la gare au collège, les rues silencieuses et étroites, sans un chat, éclairées d'un quinquet tous les deux cents mètres ; les pataugeages dans la boue, entre les petits lacs qu'enclosent les pavés ; les chutes d'eau débordant des gouttières et les pas gymnastiques au ras des maisons sombres, tandis que la tunique imbibée se colle de plus en plus aux épaules : âpre époque, dont ma lèvre a gardé l'amertume, et dont la lourde tâche de la vie n'est point encore parvenue à cicatriser le souvenir !

*
* *

Interné loin des miens, en ce petit lycée de X... qui eût ressemblé à un cloître s'il n'eût eu l'air d'une caserne, j'y passai ce qu'on est convenu d'appeler le meilleur temps de l'existence : c'est-à-dire ma prime jeunesse, de ma première communion à mon baccalauréat.

Je touchais cinq sous le dimanche, trois sous le jeudi, et je venais à Paris trois fois l'an : au jour de l'an, à Pâques et aux grandes vacances.

Il est vrai que la prévoyance familiale m'avait pourvu d'un correspondant, ce qui me procurait la jouissance de franchir le seuil du lycée, le premier et le troisième dimanche de chaque mois, quand j'avais obtenu des notes satisfaisantes.

Dire que ces sorties de quelques heures suaient l'allégresse et le délire, mon Dieu non.

Je crois même — je puis bien me l'avouer aujourd'hui — que je m'ennuyais chez mon correspondant un petit peu plus qu'à l'étude, mais enfin j'avais le plaisir de me dire que *j'étais sorti* et aussi de penser, plaisir plus grand encore, que d'autres, moins favorisés, étaient restés à envier ma bonne chance.

Le malheur des uns fait le bonheur des autres.

Mon correspondant s'appelait Poirotte. Ce n'était pas un bien beau nom, mais je le lui pardonnais volontiers en faveur de son hospitalité qui était large et généreuse, et des innombrables distractions que je goûtais en sa société.

Voici, en effet, heure par heure, l'emploi des dimanches de sortie que je passais auprès de lui :

Neuf heures et demie. — Arrivée chez M. Poirotte. Nouvelles de ma santé, de mon travail et de mes progrès. Discours de M. Poirotte sur les bienfaits de l'instruction et le résultat toujours heureux d'une discipline sagement appliquée.

Dix heures. — Promenade à la cathédrale et audition de la grand'messe, aux côtés de M. Poirotte. Satisfaction de sortir un sou de ma poche et de le verser à la quête pour le plus grand bien du denier de saint Pierre.

Onze heures. — Retour au domicile de M. Poirotte. Repas frugal, généralement composé des restes du dîner de la veille, mais agréablement assaisonné des multiples saillies de cet excellent homme. Plaisir de voir

M. Poirotte siroter *seul* une tasse de café. Deuxième discours de M. Poirotte sur les bienfaits de l'instruction et la nécessité d'une sage discipline.

Une heure. — Permission par M. Poirotte de regarder par la fenêtre, mitigée de la défense de cracher dans la rue. Plaisir de voir passer, se rendant en promenade, les camarades qui ne sont pas sortis, et qui, eux, *ne s'amusent pas.*

Deux heures. — Suite de la récréation ci-dessus.

Trois heures. — Plaisir de donner un coup de brosse aux chaussures de M. Poirotte et aux miennes, et de penser que nous allons, mon correspondant et moi, aller faire un tour de boulevard, en ville.

Quatre heures. — Excursion au café de l'Hôtel-de-Ville, dont M. Poirotte était le client assidu. Plaisir de voir M. Poirotte absorber quelques verres de bitter en faisant des parties de jacquet.

Cinq heures. — Retour au collège. Troisième et dernier discours sur les bienfaits de l'éducation. Exhortations au bien. Séparation douloureuse. Plaisir de penser que quinze jours plus tard cette petite fête renaîtrait de ses cendres.

Et c'était aussi gai que cela toutes les fois.

Ah! ce n'est pas pour faire l'intéressant et établir, entre mon existence d'alors et mon existence d'aujourd'hui, d'ironiques et amères comparaisons, mais j'ai goûté de bien douces heures aux côtés de M. Poirotte, de bien douces heures, en vérité!

*
* *

J'ai fait comprendre que le superflu était absolument banni des déjeuners de M. Poirotte.

Je me fais un devoir d'insister sur ce point.

Aussi fus-je étrangement surpris quand un dimanche matin, revenant de la messe, mon correspondant me dit en me pinçant l'oreille :

— Jeune homme, réjouissez-vous! Vous avez été le premier en récitation classique et il ne sera pas dit que vos efforts seront restés sans récompense. Nous allons faire une débauche.

— Une débauche! m'écriai-je non sans émotion.

J'avais jeté de côté un coup d'œil sur la table.

Une soupière basse et fermée, flottant dans une buée transparente et légère, trônait au centre de la nappe.

— Oui, une débauche, reprit mon correspondant, dont un fin sourire de gourmet soulevait le coin de la lèvre. Jeune homme, mettez-vous à table et préparez-vous à une grosse surprise.

J'obéis, m'installai en face M. Poirotte et commençai de déployer ma serviette tandis que mon correspondant amenait doucement à lui la mystérieuse soupière.

Je pensais :

— Eh là mon Dieu, que peut-il y avoir là-dedans?

Et d'avance, escomptant quelque chef-d'œuvre culinaire, je me pourléchai les babines, quand Poirotte, enlevant brusquement le couvercle, découvrit à mes yeux navrés une tête de veau toute fumante.

Or, je ne sais ce que nous nous sommes fait, la tête de veau et moi, mais nous professons, l'un pour l'autre une haine mutuelle et cordiale.

*
* *

Fort d'un sentiment dont je n'étais pas maître, je déclarai à M. Poirotte que je ne me déciderais à manger de sa tête sous aucune espèce de prétexte et à aucune espèce de sauce.

Il en parut vivement surpris :

— Jeune homme, dit-il, vous m'étonnez ; la tête de veau est l'amie de l'homme.

Je répondis qu'elle n'était pas la mienne ; mais M. Poirotte, qui s'y connaissait mieux que moi, m'affirma que je me trompais et que la tête de veau, justement, se trouvait être ma plus chère et ma plus précieuse amie, chose que je n'eusse jamais soupçonnée jusqu'alors.

— Vous ne savez pas ce qui est bon, dit-il ; la tête de veau en vinaigrette est un véritable plat de gourmet et elle était en grand honneur chez les empereurs de la décadence.

Tant d'érudition m'éblouit, mais n'arriva pas à me convaincre. Je hasardai timidement que je n'étais en aucune façon empereur de la décadence, mais simple élève de sixième au petit lycée de X...

— N'importe, reprit alors cet homme véritablement entêté ; ayez confiance en ce que je vous dis ; goûtez-en seulement un tout petit morceau, et nous en recauserons ensuite.

Je me sentis envahi d'un immense désespoir.

— Monsieur Poirotte! m'écriai-je.

Il continua :

— Allons, vous êtes un enfant. Il se peut

que vous n'aimiez pas la tête de veau, mais c'est tout simplement parce que madame votre mère ignore l'art de l'accommoder, tandis que celle-ci est excellente, tout à fait supérieure et exquise, je vous le jure. Voyons, mon ami, soyez sage et veuillez me tendre votre assiette, je vais vous servir un morceau qui passe à juste raison pour ce qu'il y a de plus fin et de plus délicat au monde.

Je me récriai, je hurlai, je pleurai; mais le cruel M. Poirotte fut inflexible, et délicatement, du bout de sa fourchette, il déposa dans mon assiette quelque chose de noir avec un trou dedans.

Je regardai.

C'était l'œil!

— Mangez! commanda M. Poirotte d'un ton qui ne souffrait pas de réplique.

Alors, je ne sais plus ce qui se passa; je devins fou, je perdis toute connaissance, et fermant précipitamment les yeux, j'avalai d'un seul coup l'œil horrible du veau!

. . . .

Quand je revins à moi, j'aperçus mon correspondant qui me regardait en souriant.

— Eh bien! fit-il, qu'en pensez-vous? Était-ce vraiment si mauvais?

Je demeurai un instant sans répondre, les dents serrées... par précaution. Enfin, toute crainte d'accident étant disparue et réfléchissant qu'aussi bien la pilule était avalée, je crus devoir être poli et ne pas blesser M. Poirotte dans des goûts et des convictions que je n'avais pas à discuter.

— Eh! eh!... dis-je sans me compromettre.

M. Poirotte éclata de rire :

— Ah! le farceur, s'écria-t-il; voilà pourtant comment l'homme, par un entêtement absurde, en arrive à gâcher sa vie! Ah! jeune homme, jeune homme! fasse le ciel que cette leçon porte ses fruits dans l'avenir. Enfin n'en parlons plus; ce qui est fait est fait; il faut que jeunesse se passe, c'est l'âge qui amène l'expérience. Jeune homme, vous avez été le premier en récitation classique, et il est bon qu'un légitime hommage immortalise en votre esprit le souvenir de ce louable succès. Vous avez, comme il convenait, apprécié le premier œil du veau; permettez-moi de vous offrir l'autre.

Et de nouveau, dans mon assiette, quelque chose de noir s'abattit; quelque chose de noir avec un trou dedans !

*
* *

Le premier œil avait passé.

Comment avait-il fait son compte, je n'en sais rien, mais enfin il avait passé.

L'autre obtint un sort moins heureux.

Par les prodiges d'un courage dont je demeurerai éternellement fier, je le poussai jusqu'en mon estomac, mais quand il y fut installé, il se refusa absolument à en partir. Il y resta, il y est encore, il y sera éternellement, et c'est ainsi que je le puis offrir en holocauste aux pauvres petits collégiens malchanceux que je voyais, ces jours derniers, promener à travers Paris leurs têtes de désespérés et leurs tuniques d'uniforme sorties, après deux mois, de l'armoire aux vieilleries, ce pendant que ce mot : « La rentrée ! » faisait vibrer à mon oreille comme un mélancolique et lointain carillon.

FIN

TABLE DES MATIÈRES

	Pages.
Une canaille.	1
Une bonne fortune	37
Margot	109
Henriette a été insultée.	169
Le fils.	207
Le canot	251
Mouvement de valse..	271
Une maison tranquille	285
L'œil de veau	297

www.ingramcontent.com/pod-product-compliance
Lightning Source LLC
Chambersburg PA
CBHW071240160426
43196CB00009B/1125